# Hyojun Nippongo Tokuhon

(The Standard Japanese Readers)
(The Second Revised Edition)
by
Naoe Naganuma
Book One

---

訂再

# 標準日本語読本

長沼直兄著

巻一

ISBN 0-87040-299-4

# 凡例

一、本書は主として成人に対し、正規の日本語を組織的に教授するために編纂した教科書である。

一、本書はこれを八巻に分け、別に音声言語訓練のためローマ字による入門篇一巻を設けた。

第一巻は基本的語彙および構文、会話用文等、口語の基礎的資料の提示を目的とし、新出文字は平仮名、片仮名および漢字三百である。

第二巻はさらに進んだ音声言語の基礎資料の提示を目的とし、新出漢字は三百五十である。

第三巻は日常の音声言語より口語体文字言語に進む段階の資料を主とし、新出漢字は三百五十である。

第四巻および第五巻は新聞雑誌等を読むに必要な口語体文字言語の資料を主とし、新出漢字はそれぞれ三百五十である。

第六巻は現代文語文を練習させると共にさらに進んだ口語体を提示し、新出漢字は三百五十である。

第七巻は書翰文の概略を習得させると共にさらに進んだ口語体を提示するを目的とし、新出漢字は三百五十である。

第八巻は漢文の初歩を提示すると共に高級口語体および平易な古文を習得させることとし、新出漢字は二百である。

なお教育用漢字は第四巻までに、当用漢字は第六巻までに全部提示した。

一、仮名遣は第一巻、第二巻は全部現代仮名遣により、第三巻以後は歴史的仮名遣によることとした。但し新聞雑誌等に基くもので現代仮名遣によったものの場合はそのままとし、その旨を表題の下に記して置いた。なお字音仮名遣については全巻を通じて現代仮名遣を採用した。

一、漢字の字体については第一巻より第五巻までは新定字体表に基き略体を主とし従来の字典体を括弧内に示すこととし、第六巻以後は字典体を主とし略体あるものはそれを括弧内に示すこととした。

一、送仮名、句読点その他の表記法は大体に於て従来の国定教科書の表記法に基くこととした。

一、内容は文芸的作品に偏することを避け、広く各種の文献を読破する実力を養うことに重きを置き、日本語力の円満なる発達を目標として材料の蒐集排列に力めた。

一、本書中には資料として多数の作家諸氏のものを採録してあるが、本書の性質上語彙、文体、漢字その他の点で多少もしくは相当の変更を加えざるを得なかった。その際余り変化の甚しいものに原作者名を付記することは却って迷惑かとも思われるので、特に断らないこととした。しかしながら本書がその体を成し得たのは偏に作家諸氏の賜である。ここに謹んで厚く感謝の意を表する。

昭和二十三年十一月

著　者

## Preface to the Revised Edition of 1948

The present work is designed primarily for use as a text for the systematic instructions of adults in orthodox Japanese. It is divided into eight volumes, plus a romanized primer for the training of basic spoken Japanese.

The purpose of Book One is to present materials of spoken Japanese in vocabulary, sentence structure, and conversational forms. It gives Hiragana, Katakana syllabaries and 300 Kanji.

The object of Book Two is to provide basic materials for more advanced spoken Japanese. 350 new Kanji are introduced in Book Two.

On the whole, Book Three swings more and more away from every-day speech toward the written colloquial style. In this 350 new Kanji are introduced.

Books Four and Five are devoted chiefly to written colloquial style which is necessary for reading newspapers and periodicals, and each contains 350 new Kanji.

Book Six provides practice in the contemporary literary style together with a more advanced colloquial style, and introduces 350 new Kanji.

Book Seven provides practice in the epistolary style and introduces more advanced colloquial style. 350 new Kanji are given in this volume.

Book Eight offers an introduction to the elementary Chinese classics and furnishes practice in a more advanced colloquial style as well as simple classical reading materials. 200 new Kanji are presented.

All "Kanji for educational use" are presented in Books One to Four and those for general use in Books One to Six.

"Modern Kana Usage" is followed in Books One and Two; in Book Three and succeeding volumes the classical system is employed.

But, where material from newspapers and periodicals whish follows Modern Kana Usage is used, it is left unaltered, with notes to that effect inserted under the titles. " Kana Usage for Chinese On Sounds " conforms to the modern usage throughout the entire work.

In Books One to Five the simplified Kanji forms as given in the newly-prescribed list of Kanji forms have been used, with the old dictionary forms shown in parentheses. From Book Six on, however, the dictionary form predominates, followed in parentheses by the simplified forms, if any.

The Kana usage, punctuation and other details of orthography generally conform to the former national textbooks.

The selection and arrangement of contents has avoided undue stress on literary works, attempting instead to give the student a well-rounded command of the Japanese language by fostering ability to read a wide variety of materials.

The series contains selections from the pens of a great many writers. In view of the nature of the work, major or minor changes in vocabulary, style, Kanji, etc. were inevitable. Where drastic modifications have been necessary, the original authors' names have been purposely withheld to spare them annoyance. The author wishes to record here his profound gratitude to these writers, without whom the present work would have been impossible.

The Author

November, 1948

# 再訂版の序

昭和二十三年（一九四八年）の戦後改訂版発行以来十六年を経過し、その間に日本語自体にも幾多の変化が起こり、記載の内容にもいろいろの変遷があった。そこで数年前から再訂版の発行に志し、今日ようやくその実現を見るに至った。

再訂版は巻一より巻五までとし、文語、書翰文、古典への入門たる巻六以上には及ばなかった。従って厳密にいえば改訂版は全八巻、再訂版は全五巻となるのであるが、再訂版巻五から改訂版巻六への連絡には十分の注意を払ったので巻六以上を勉強しようとする学生にとって実際上の不便はあまりないと思われる。

再訂版において留意した諸点は

一、できるだけ記載の事実を最近の資料により、また各種の研究の成果、統計などを参考としたこと
一、語彙語法等は現在行なわれているものを主とし、これに検討を加え、適当と思われるものを採用したこと
一、送りがなは現行の送りがな法に従ったこと
一、現代かなづかいを主とし、旧かなづかいは巻三以上において小説、戯曲などに限ったこと
一、巻一では主として教室作業の立場から提出の順序に変更を加えたこと

などである。

漢字の提出数は改訂版と同様であり、巻一、巻二、巻三ではその提出の順序も変わっていないが、巻四、巻五では相当の異動がある。従って本書に付随する漢字帳は巻三までとし、巻四、巻五には別に漢字帳を作らず、ワードブック中に含めることとした。

本書にはこれに付随するワードブックおよびプラクティスブックがある。ワードブックは新出語彙の解説はもとより文法上、また学習上留意すべき点をあげて、学習者がいちいち辞書に当たる時間を節約することを目的としたものである。プラクティスブックは各課における重要な諸点の練習を主としたものである。これらの練習は読本が十分理解されれば当然できるものばかりであるから、もし練習に多くの困難を感ずるならば読本の学習がまだ不十分な結果であることを思い、さらに復習を重ねることが望ましい。

本再訂版の準備には多くのかたがたからいろいろの御教示を受けた。ことに東京日本語学校の諸先生は旧版を使って多年教えられた豊富な経験に基づき各巻を子細に検討され多くの貴重な意見を提供された。それらはみな再訂版の血となり肉となっている。ここに厚く感謝の意を表する。

昭和三十九年八月

著者

## Preface to the Second Revised Edition

Sixteen years have elapsed since the publication of the post-war revised edition of 1948. During these years many changes have taken place in the language itself as well as in the facts mentioned in the contents. This is the reason for my having spent the past few years in preparing this 2nd revised edition.

The 2nd revised edition comprises Book One to Book Five inclusive, but not Book Six upwards, which give introductions to literary style, epistolary style and classics. Strictly speaking, the old revised edition comprises eight volumes and the 2nd revised edition five. Due consideration has, however, been made for the smooth transition from the new Book Five to the old Book Six, so that little inconvenience will, it is hoped, be felt by those who undertake to study Book Six.

Noteworthy points in the new edition are as follows:

1. Information has been brought up to date and the results of recent research and statistics have been duly taken into account.
2. In selecting vocabulary and structure priority has been given to those in actual use, but critical examination has been exercised in the selection.
3. The current prescribed Kana Usage (Okurigana Hō) has been followed in the use of Kana.
4. The Modern Kana Usage (Gendai Kanazukai) is chiefly followed with the exception of novels and dramas in Book Three upwards which are written in the Classical Kana Usage (Rekishiteki Kanazukai).
5. Some alterations in the order of presentation in Book One have been made, chiefly from the viewpoint of teaching methodology.

There is no change in the number of Kanji presented in each volume. In the first three volumes the order of presentation of Kanji is unaltered, but in Books Four and Five there are some discrepancies.

The Kanji Books which accompany this work are limited to the first three volumes. For Books Four and Five, Kanji Books are included in the respective Word Books.

This work is accompanied by Word Books and Practice Books. The Word Books provide the meanings of new words, noteworthy points in grammar, etc. They are intended to help the student concentrate on studying the language itself by saving him or her the time of consulting dictionaries. The Practice Books aim at providing exercises on important points in each lesson. These exercises can be done if the lesson is thoroughly mastered.

Should great difficulty be felt in working on these exercises more review is desirable, because it is an indication that the lesson has not been well digested.

In preparing this 2nd revised edition the author wishes to express his gratitude to a great many people, especially to the instructors of the Tokyo School of the Japanese Language who have gone through each volume carefully and offered many valuable suggestions from their many years of teaching experience. All these criticisms and suggestions have been incorporated in the revision.

The Author

# 再訂 標準日本語読本 巻一

目次

## 第一部

# 第二部

# 第一部

## いち（一）

これは　ほんです。

これは　かみです。

これは　えんぴつです。

これは　いすですか。

はい、そうです。

これも　いすですか。

はい、そうです。

それも　いすですか。

いいえ、そうじゃ　ありません。

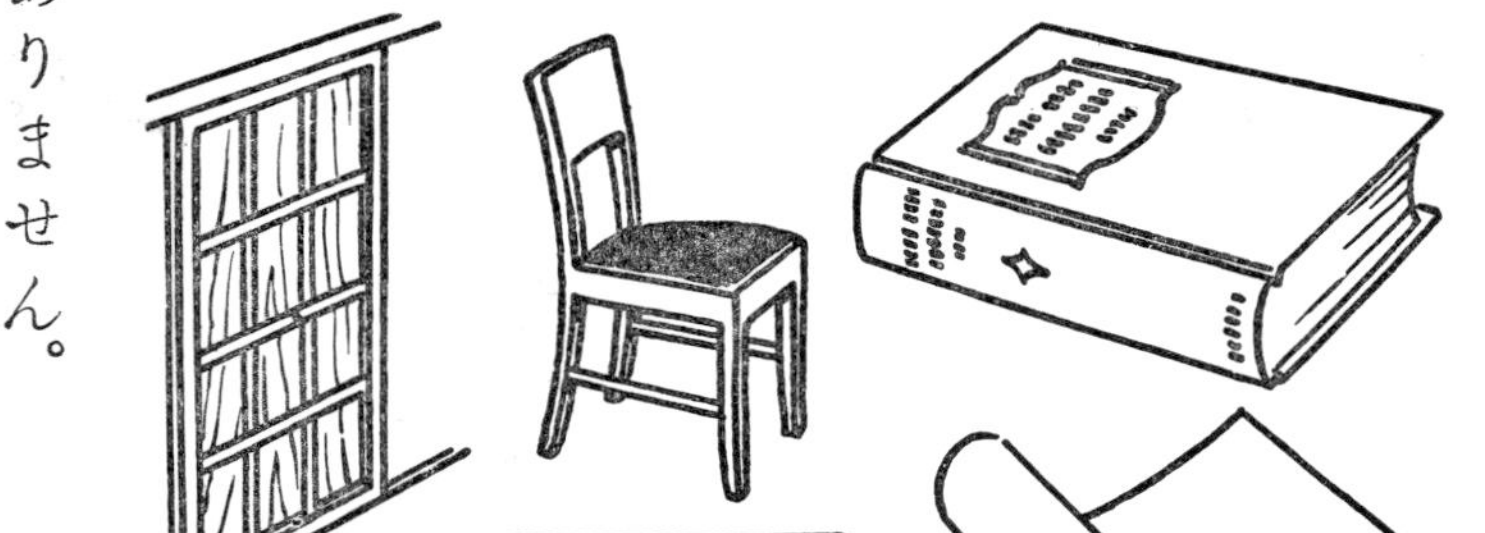

では、それは　なんですか。
つくえです。
あれは　なんですか。
とです。
では、あれは　とですか、　までですか。
までです。

## に　(二)

これは　あかい　ほんです。
これは　あおい　ほんです。
この　かみは　しろいです。
その　かみも　しろいですか。

いいえ、しろくは　ありません。
では、どんな　いろですか。
くろいです。
この　えんぴつは　どんな　いろですか。
きいろいです。
この　えんぴつは　ながいですか。
いいえ、ながくは　ありません。みじかいです。
あれは　なんですか。
はこです。
あの　はこは　おおきいですか。
いいえ、おおきくは　ありません。ちいさいです。
あの　ちいさい　はこは　あかいですか、あおいです‖

か。

　あおいです。

## さん（三）

あなたは　せいとです。

わたくしは　せいとじゃ　ありません。せんせいです。

あなたは　どなたですか。

わたくしは　たなかです。

きむらさんは　どなたですか。

　わたくしです。

あの　かたは　すずきさんですか。

　いいえ、そうじゃ　ありません。やまださんです。

あなたの　おともだちですか。
はい、そうです。わたくしの　ともだちです。
あの　かたは　この　がっこうの　せいとですか。
はい、そうです。
わたくしも　この　がっこうの　せいとですか。
いいえ、そうじゃ　ありません。あなたは　この
がっこうの　せんせいです。
なんの　せんせいですか。
にっぽんごの　せんせいです。
ベーカーさんの　おくさんは　なんの　せんせいです
か。
えいごの　せんせいです。

あの　かたは　アメリカじんですか、イギリスじんですか。

　アメリカじんです。

わたくしも　アメリカじんですか。

　いいえ、あなたは　にっぽんじんです。

## し　(四)

これは　うわぎです。

これは　チョッキです。

これは　ズボンです。

これは　くつで、これは　くつしたです。

それは　ぼうしで、あれは　がいとうです。

---

四

(オーバー)

これは　わたくしの　ハンケチです。
それは　あなたの　てぶくろですか。
いいえ、そうじゃ　ありません。くぼたさんのです。
あれは　どなたの　かばんですか。
しみずさんのです。
この　まんねんひつは　あなたのですか。
いいえ、わたくしのじゃ　ありません。
どなたのですか。
ゆかわさんのです。
その　ほんと　ざっしは　どなたのですか。
ほんは　ゆかわさんので、ざっしは　かとうさんの
です。

## ご（五）

ここに　つくえが　あります。
そこに　いすが　あります。
あすこに　なにが　ありますか。
　まどが　あります。
ドアは　どこに　ありますか。
　そこに　あります。
つくえの　うえに　なにが　ありますか。
　はこが　あります。
いくつ　ありますか。
　ひとつ　あります。

はこの　なかに　なにが　ありますか。

ナイフと　はさみが　あります。

いすは　どこに　ありますか。

つくえの　そばに　あります。

いすの　したに　なにが　ありますか。

なんにも　ありません。

この　へやに　まどが　いくつ　ありますか。

ひとつ、ふたつ、みっつ、よっつ、いつつ——いつつ

つ　あります。

ドアも　いつつ　ありますか。

いいえ、ドアは　ふたつ　あります。

## ろく（六）

わたくしの　うしろに　かべが　あります。
ねずみいろの　かべです。
わたくしの　まえに　つくえが　あります。
ちゃいろの　つくえです。
その　うえに　かびんが　あります。
みどりいろの　かびんです。
かびんの　なかに　どんな　いろの　はなが　ありますか。
　あかいのや　あおいのや　きいろいのが　あります。
むらさきの　はなも　ありますか。
　むらさきのは　ありませんが、ももいろのが　あり

第一部　六

一二

ます。

しろい　はなは　いくつ　ありますか。

ひとつ、ふたつ、みっつ、よっつ、いつつ、むっつ、
ななつ、やっつ、ここのつ、とお——とお　ありま=
す。

この　はなは　むらさきですか。

いいえ、むらさきじゃ　ありません。ももいろです。

## しち（七）

かおには　めが　ふたつ、みみが　ふたつ、はなが
ひとつ、くちが　ひとつ　あります。

あなたがたは　めで　なにを　しますか。

めで　みます。
みみで　なにを　しますか。
みみで　ききます。
なんで　たべますか。
くちで　たべます。
そのほか　くちで　なにを　しますか。
はなします。
わたくしたちは　てや　あしで　なにを　しますか。
てで　いろいろの　ものを　もちます。じや　えも
かきます。
あしで　あるきます。
いぬや　ねこには　てや　あしが　ありますか。

いぬや　ねこにも　あしは　あります。けれども
ては　ありません。
さかなには　ても　あしも　ありません。

## はち（八）

あなたがたは　この　がっこうの　せいとです。
あなたがたは　この　がっこうで　にっぽんごを
ならいます。
わたくしは　あなたがたの　せんせいです。
あなたがたに　にっぽんごを　おしえます。
あなたがたは　にっぽんごが　わかりますか。
　はい、わかります。

よく　わかりますか。
　いいえ、まだ　よくは　わかりません。
ドイツごは　わかりますか。
　いいえ、ドイツごは　ちっとも　わかりません。
　けれども　フランスごが　すこし　できます。
どこで　フランスごを　ならいましたか。
　べいこくの　がっこうで　ならいました。
だれに　ならいましたか。
　フランスじんの　せんせいに　ならいました。
フランスごは　むずかしいですか。
　いいえ、あまり　むずかしくは　ありません。
　かなり　やさしいです。

## く（九）

つくえの　うえに　ほんが　あります。
わたくしは　ほんを　とります。
それから　ほんを　あけます。
それから　ほんを　とじます。
それから　ほんを　おきます。
わたくしは　どこに　ほんを　おきましたか。
　つくえの　うえに　おきました。
ここに　しろい　かみが　あります。
この　かみに　なまえを　かきます。
わたくしは　この　まんねんひつで　かきます。
これは　わたくしの　なまえです。

わたくしは　いま　なにを　しましたか。
　なまえを　かきました。
えんぴつで　かきましたか。
　いいえ、まんねんひつで　かきました。
そうです。
わたくしは　えんぴつで　かきませんでした。
まんねんひつで　かきました。
あなたの　おなまえは　なんと　いいますか。
　ブラウンと　いいます。
なんと　いう　いみですか。
　ちゃいろと　いう　いみです。
「みどり」は　えいごで　なんと　いいますか。

「グリーン」と　いいます。

## じゅう（十）

たけださん、　おたちなさい。
あなたは　いま　なにを　しましたか。
　たちました。
ここへ　おいでなさい。
ドアの　ところへ　おいでなさい。
ドアを　おあけなさい。
へやの　そとへ　おでなさい。
へやの　なかへ　おはいりなさい。
ドアを　おしめなさい。

あなたの　せきへ　おかえりなさい。
おかけなさい。
あなたは　どこへ　いきましたか。
ドアの　ところへ　いきました。
ドアを　あけましたか。
はい、あけました。
それから　どう　しましたか。
へやの　そとへ　でました。
それから　どう　しましたか。
へやの　なかへ　はいりました。
それから　どこへ　いきましたか。
わたくしの　せきへ　きました。

小　　　大

## じゅういち（十一）

一と　二で　三に　なります。

四と　五で　いくつに　なりますか。

九に　なります。

六と　七と　どっちが　大きいですか。

七の　ほうが　大きいです。

八と　九を　くらべて　ごらんなさい。

九は　八より　大きいです。

八は　九より　小さいです。

七の　二ばいは　十四です。

五の　三ばいは　いくつですか。



三

$7 \times 2 = 14$

$5 \times 3 = 15$

$6 = 12 \times \frac{1}{2}$

$6 < 7$

$9 > 8$

$1 + 2 = 3$

$4 + 5 = 9$

## 半(半)分

十五です。

六は 十二の 半分です。

三は 九の 三分の一です。

二は 八の 四分の一です。

六は 九の 三分の二です。

$3 = 9 \times \frac{1}{3}$

$2 = 8 \times \frac{1}{4}$

$6 = 9 \times \frac{2}{3}$

では、十一から 二十まで かぞえて ごらんなさい。

## じゅうに (十二)

十から 三を ひくと 七が のこり＝ます。

八から 五を ひくと 三が のこり＝ます。

$10 - 3 = 7$

$8 - 5 = 3$

$5 + 4 = 9$

$7 + 6 = 13$

五に　四を　たすと　九に　なります。
七に　六を　たすと　いくつに　なりますか。
　十三に　なります。

## 四　倍

三の　四倍と　六の　二倍は　おなじです。どちらも　十二です。

$$3\times 4=6\times 2$$
$$10\times 2=20$$
$$3\times 10=30$$
$$10\times 10=100$$

十の　二倍は　二十で、三の　十倍は　三十です。
どうぞ　十の　二倍から　十倍まで　かぞえて　ください。

## 百

二十、三十、四十（または　よん十）、五十、六十、七十（または　なな十）、八十、九十（または　きゅう十）、百。

百

六百八

千

千万(萬)

上

中金

そうです。よく　できました。

では、百の　二倍から　十倍まで　かぞえて　ください。

二百、三百、四百(または　よん百)、五百、六百、七百(または　なな百)、八百、九百(または　きゅう百)、千。

千の　三倍は　三千で、十倍は　一万です。

$$100 \times 2 = 200$$
$$1,000 \times 3 = 3,000$$

## じゅうさん　(十三)

つくえの　上に　さいふが　あります。
これは　わたくしの　さいふです。
この　中に　お金が　あります。

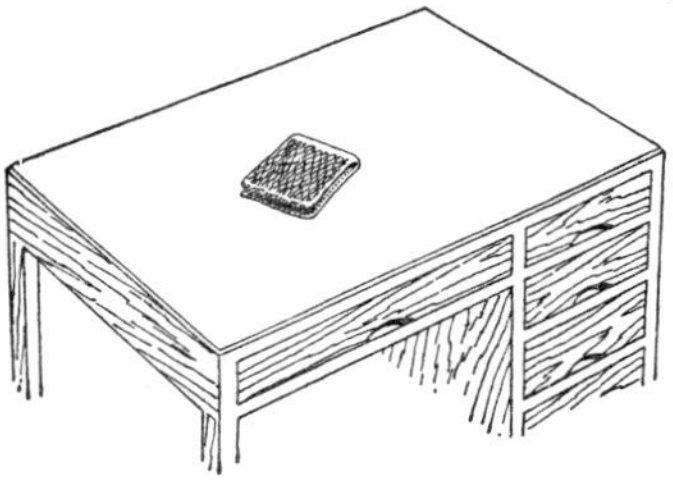

円(圓)
十銭(錢)
四
三
二

いくら　ありますか。
　わかりません。
お金で　なにを　しますか。
　ものを　かいます。
これは　一円で、この　半分は　五十銭です。
これは　百円で、これは　五十円です。
さいふの　中に　千円さつが　一まい、百円さつが　四まい、十円が　三つ、一円が　二つ　あります。
みんなで　いくらですか。

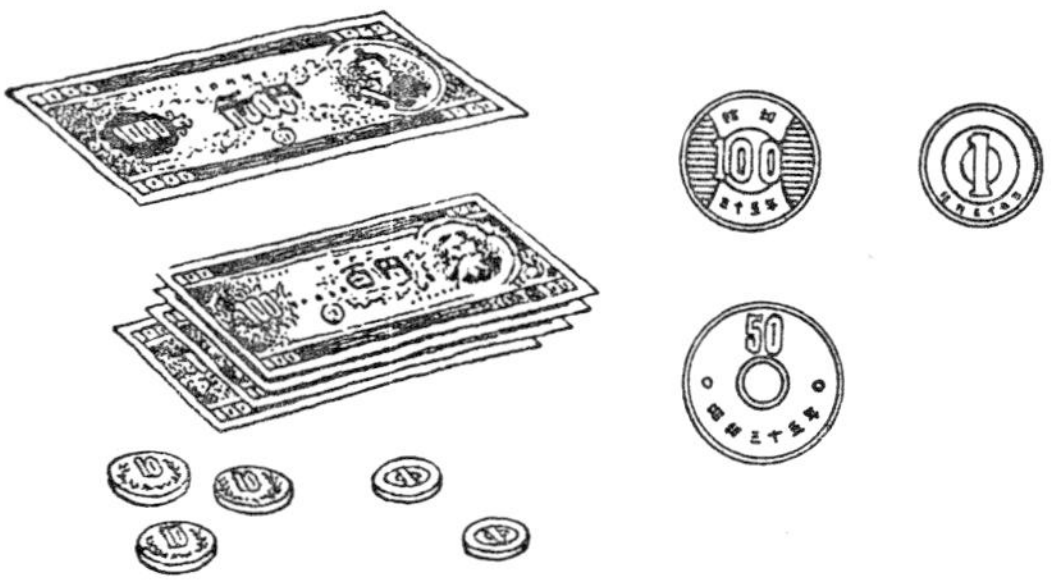

本

一本

本

七

千四百三十二円です。
この　はこの　中に　たばこが　五本　あります。
この　たばこは　まきたばこで、
はまきでは　ありません。
この　えんぴつは　一本　二十四円です。
三本で　いくらに　なりますか。
七十二円に　なります。
一ダースで　いくらですか。
二百八十八円です。
半ダースでは　いくらに　なりますか。
百四十四円に　なります。

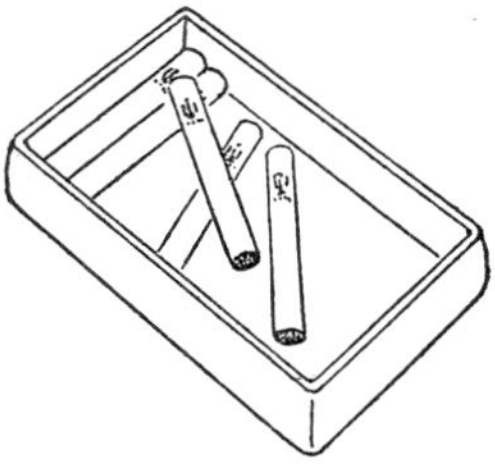

# じゅうし（十四）

これは　きっぷです。

なんの　きっぷですか。

　きしゃの　きっぷと　でんしゃの　きっぷです。

なんまい　ありますか。

きしゃの　きっぷが　一まいと　でんしゃの　きっぷが　二まい　あります。

バスの　きっぷも　ありますか。

　いいえ、バスの　きっぷは　ありません。

ここから　よこはままで　でんしゃちんは　いくらですか。

番

遠（遠）

近（近）

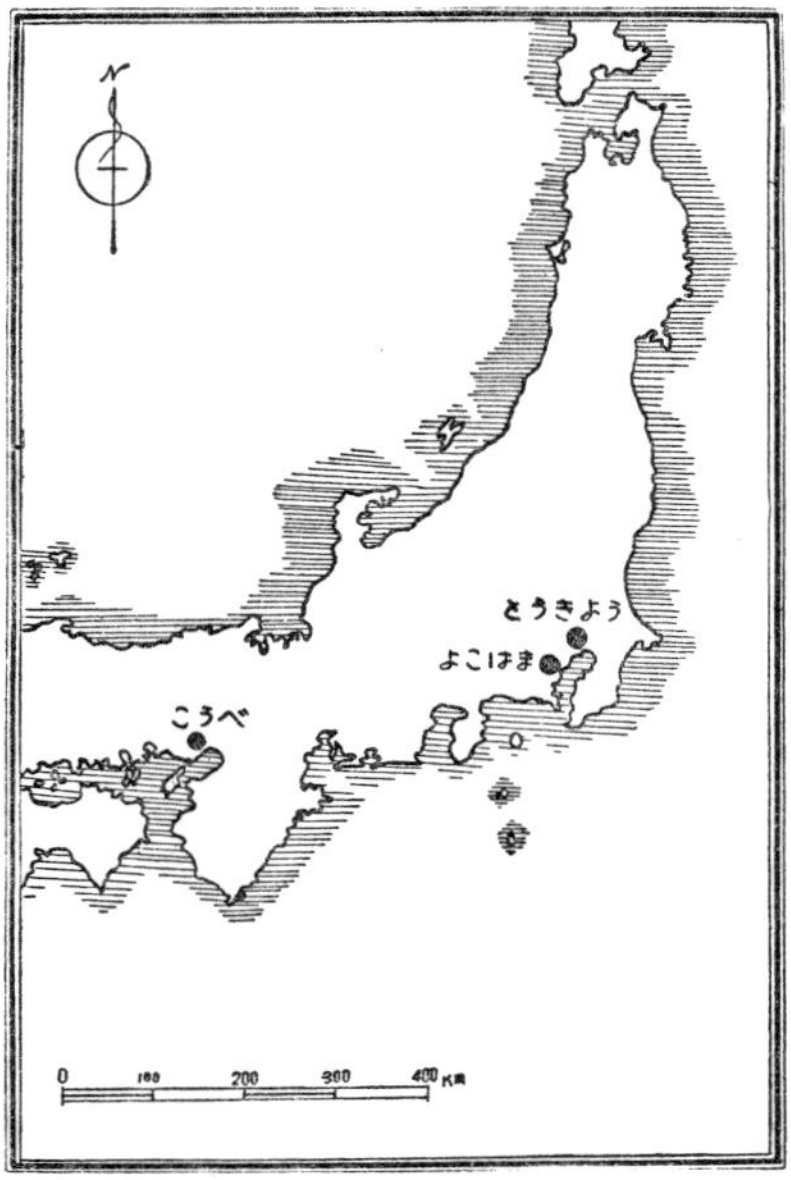


八十五円です。

とうきょうと　よこはまと　こうべ＝と　どこが　一番大きいですか。

とうきょうが　一番　大きいです。

よこはまは　とうきょうから　遠いですか。

いいえ、あまり　遠くは　ありません。

かなり　近いです。

どのぐらい　ありますか。

二十六キロぐらい　あります。

里
長

人
居
人

それは　なんマイルぐらいですか。
十六マイルぐらいです。
キロと　マイルと　里と　どれが　一番　長いですか。
里が　一番　長いです。
一里は　どのぐらいですか。
やく　四キロです。

## じゅうご（十五）

この　へやに　人が　居ます。
なん人　居ますか。
ひとり、ふたり、三人、四人、五人、六人、七人、
八人、九人、十人、十一人、十二人——十二人

男

女

子供

---

居ます。

みんな　男ですか。

いいえ、女も　居ます。

みんな　おとなですか。

いいえ、子供も　居ます。

男の人は　なん人　居ますか。

六人　居ます。

では、女の人と　子供は　なん人　居ますか。

女の人も　子供も　三人ずつ　居ます。

男の子が　ひとりと、女の子が　ふたり　居ます。

あかんぼうも　居ますか。

いいえ、あかんぼうは　居ません。

六|
八|九|
四|五|
立
日語



この　子供たちは　いくつぐらいですか。
男の子は　六つか　七つぐらいです。大きい　女の＝子は　八つか　九つぐらいで、小さい　女の子は　四つか　五つぐらいです。

## じゅうろく（十六）

わたくしは　立って　いますが、あなたがたは　こし＝かけて　います。
わたくしは　日本語を　おしえて　いますが、あなた＝がたは　日本語を　ならって　います。
わたくしは　いま　日本語を　はなして　います。
あなたがたは　きいて　います。

右手

左

---

わたくしは　右の　手に　なにを　もって　いますか。
　しんぶんを　もって　います。
左の　手に　なにを　もって　いますか。
　なんにも　もって　いません。
わたくしは　いま　しんぶんを　よんで　いますか。
　いいえ、しんぶんを　よんで　いません。
なにを　して　いますか。
　じを　かいて　います。
たけださん、ここへ　きて　ください。
あなたは　どこへ　きましたか。
　ここへ　きました。
この　本を　とって　ください。

方

日
家

四十五ページを　あけて　ください。
本を　とじて　ください。
つくえの　上に　おいて　ください。
あなたの　せきへ　かえって　ください。

## じゅうしち　（十七）

この　えを　ごらんなさい。
右の　方に　たてものが　あります。
なんげん　ありますか。
　三げん　あります。
みんな　日本の　家ですか。
　いいえ、二けんは　日本の　家ですが、もう　一けん

# 十七

出　休　木

んは　ようかんです。
ようかんの　えんとつから　けむりが　出て　います。
家の　近くに　ふたりの　人が　居ます。
ひとりは　はたらいて　いますが、もう　ひとりは
くさに　こしかけて　休んで　います。
家の　そばに　ひろい　みちが　あります。
この　みちを　人が　四人　あるいて　います。
大木さんと　その　かぞくです。
大木さんは　おくさんと　子供さんたちを　つれて
さんぽして　います。
大木さんは　ようふくを　きて　ぼうしを　かぶって
いますが、おくさんは　きものを　きて　います。

# 鳥

子供さんたちは　ふたりとも　ようふくを　きて　います。

おくさんは　なにを　はいて　いますか。

げたか　ぞうりを　はいて　いると　おもいますが、
よく　わかりません。

その　左の　方に　木が　あります。

その　上を　鳥が　とんで　います。

なんば　とんで　いますか。

三ば　とんで　います。

あれも　鳥ですか。

いいえ、あれは　ひこうきです。

時間
分
両(兩)
下
分

## じゅうはち　(十八)

これは　とけいです。
とけいには　二本の　はりが　あります。一本は　長くて、もう　一本は　みじかいです。みじかい　はりは　時間を　さして、長い　はりは　分を　さします。

両方の　はりが　十二を　さすと、ちょうど　十二時＝です。

両方の　はりが　下に　くる　ときは、五時半か　六＝時半です。

一時間は　六十分で、一分は　六十びょうです。

日

間

前

一日は　なん時間ですか。
二十四時間です。
いま　なん時ですか。
九時十分(すぎ)です。
いま　みじかい　はりは　三と　四の　間を　さして、
長い　はりは　六を　さして　います。
なん時でしょう。
三時半です。
長い　はりが　九を　さすと、　なん時に　なりますか。
四時　十五分前に　なります。

## じゅうく　(十九)

分

午前

後

同

夕方

日

東西

---

一日は　二十四時間です。

れい時から　二十四時までです。

一日を　二つに　分けます。

どちらも　十二時間ずつです。

はじめの　十二時間は　午前で、その　つぎの　十二〃時間は　午後です。

午前にも　六時が　あります。

午後にも　六時が　あります。

ですから　一日には　同じ　時間が　二ど　あります。

午前の　六時は　あさです。

午後の　六時は　十八時と　同じで　夕方です。

日は　東から　出て　西に　はいります。

月

おひるには　日は　みなみに　ありますか、きたに
ありますか。
　みなみに　あります。
日が　出ると、あかるく　なります。
日が　はいると、くらく　なります。
あさから　夕方までが　ひるまで、夕方から　あさま
でが　よるです。
ひるまは　あかるくて、よるは　くらいです。
よるは　ほしが　出ます。月も　出ます。
月が　出ると、あかるく　なります。

**にじゅう**　（二十）

朝　夜　食（食）　早　体（體）

わたくしたちは　朝　おきて、夜　休みます。
あなたは　朝　なん時に　おきますか。
七時　二十分前に　おきます。
朝はんは　なん時に　食べますか。
七時十五分に　食べます。
ひるはんは　なん時ごろ　食べますか。
十二時と　一時の　間に　食べます。
夕はんは　なん時ですか。
たいてい　六時ごろです。
あなたは　夜　なん時に　休みますか。
十時半ごろ　休みます。
朝　早く　おきるのは　体に　いいです。

週(週)
曜(曜)日
土
目　月　火

夜　おそく　休むのは　体に　わるいです。
けれども　たくさんの　人が　夜　おそく　ねて、　朝　おそく　おきます。
その　人たちは　あさねぼうです。
あさねぼうを　するのは　体に　よく　ありません。

## にじゅういち（二十一）

一週間の　はじめの　日は　日曜日で、　おわりの　日は　土曜日です。
二番目の　日は　月曜日で、　三番目の　日は　火曜日です。
一週間の　まん中の　日は　なに曜日ですか。

水曜日です。
木曜日は　金曜日の　前ですか、あとですか。
前です。
きょうは　なに曜日ですか。
金曜日です。
きのうは　なに曜日でしたか。
木曜日でした。
おとといは　なに曜日でしたか。
水曜日でした。
あしたは　土曜日ですか、日曜日ですか。
土曜日です。
あさっては　なに曜日に　なりますか。

水｜木｜金｜

日曜日に　なります。
日曜日にも　せいとは　がっこうへ　いきますか。
いいえ、日曜日には　いきません。
なぜ　いきませんか。
休みですからです。
あなたは　日曜には　たいてい　なにを　しますか。
たいてい　あそびます。
では、いつ　べんきょうしますか。
月曜から　土曜まで　べんきょうします。

## にじゅうに（二十二）

一か月には　やく　四週間　あります。

年

名
知

月

一年には　十二か月　あります。
あなたは　その　名前を　知って　いますか。
はい、知って　います。
では、いって　ごらんなさい。
一月、二月、三月、四月、五月、六月、七月、八月、
九月、十月、十一月、十二月。
そうです。
一月は　はじめの　月で、しょう月とも　いいます。
十二月は　さいごの　月です。
三月、四月、五月は　はるで、六月、七月、八月は
なつです。
九月、十月、十一月は　あきで、十二月、一月、二月

来(來)

先

来|

はふゆです。
こん月は七月です。いまはなつです。
来月は八月です。
では先月はなん月でしたか。
六月でした。
先月の前の月はなんといいますか。
知りません。おしえてください。
先先月といいます。
さらい月というのはいつですか。
来月のつぎの月です。
はるはなつの前に来て、ふゆはあきのつぎ
に来ます。

花

東京

なつと　あきと　どっちが　早く　来ますか。
　なつの　ほうが　早く　来ます。
はるは　あったかくて、なつは　あついです。
あきは　すずしくて、ふゆは　さむいです。

## にじゅうさん　(二十三)

さくらの　花は　いつ　さきますか。
　はる　さきます。
東京では　まい年　いつごろ　さきますか。
　たいてい　四月の　はじめに　さきます。
三月には　まだ　さきませんか。
　三月には　まだ　さかないでしょう。

人　見　雨　　　半

さくらの　花が　さくと、人人は　なにを　しますか。
花見に　出かけます。
日本では　いつ　雨が　たくさん　ふりますか。
六月に　ふります。
ことしも　ふるでしょうか。
はい、ことしも　きっと　ふるでしょう。
いつ　てんきが　よく　なりますか。
七月の　はじめに　よく　なります。
六月の　半ばには　てんきが　よく　ならないでしょうか。
はい、まだ　よく　ならないでしょう。
てんきが　よく　なると、たいへん　あつく　なりま

# 山

す。

あつく　なると、ある　人は　うみや　山へ　いきま=

す。

そして　すずしく　なってから　かえります。

東京の　人たちは　どこへ　いきますか。

かまくらや　かるいざわへ　いきます。

あなたは　ことし　花見に　いきましたか。

いいえ、いきませんでした。

どうしてですか。

いそがしくて　ひまが　ありませんでした。

あなたは　ことし　かるいざわへ　いきましたか。

いいえ、まだ　いきません。

毎(毎)

外

---

では、いっしょに　いきましょうか。

はい、いきましょう。

## にじゅうし　(二十四)

一か月には　三十日　あります。

毎月　三十日　ありますか。

いいえ、三十一日の　月も　あります。

どの　月に　三十一日　ありますか。

一月、三月、五月、七月、八月、十月、十二月に
あります。

外の　月には　みんな　三十日　ありますか。

いいえ、二月には　二十八日しか　ありません。

日

二十日

月の　はじめの　日を　なんと　いいますか。
ついたちと　いいます。
そうです。ついたちは　一じつとも　いいます。
ついたちから　三十一日まで　じゅんに　いって
ごらんなさい。
ついたち、ふつか、みっか、よっか、いつか、むい＝
か、なのか、ようか、ここのか、とおか、十一日、
十二日、十三日、十四日、十五日、十六日、十七日、
十八日、十九日、二十日、二十一日、二十二日、
二十三日、二十四日、二十五日、二十六日、二十七＝
日、二十八日、二十九日、三十日、三十一日。
では、一日おきに　いって　ごらんなさい。

今度

日十

八日

七日

六日

二日

---

ついたち、　みっか、　いつか、　なのか、　ここのか、

十一日………。

もう　たくさんです。

今度は　一日から　十日までを　ぎゃくに　いって

ごらんなさい。

十日、　九日、　八日、　七日、　六日、　五日、　四日、　三日、

二日、　ついたち。

そうです。　よく　できました。

きょうは　なん日ですか。

四日です。

すると　あさっては　五日ですね。

いいえ、　ちがいます。　あさっては　六日です。

## にじゅうご　（二十五）

あなたは　毎日　どんな　ことを　しますか。

私は　毎朝　七時に　おきます。

おきると　すぐ　はを　みがいて　かおを　あらい＝ます。

それから　少し　たって　朝はんを　食べます。

八時　少し　前に　うちを　出て　学校へ　いきま＝す。

たいてい　歩いて　いきますが、　おそい　時は　バ＝スで　いきます。

学校は　あなたの　うちから　遠いですか。

---

私

少

学(學)校

歩(步)時

持

いいえ、　あまり　遠くは　ありません。
歩いて　十二三分しか　かかりません。
じどうしゃなら　四五分です。
学校は　なん時に　はじまりますか。
八時十分に　はじまります。
なん時に　おわりますか。
たいてい　午後　三時に　おわりますが、　もっと
早い　日も　あります。
三時より　おそい　日は　けっして　ありません。
では、　あなたは　いつも　おべんとうを　持って　い＝
きますか。
たまに　持って　いきますけれども、　たいてい　お＝

# 時々

ひるに　うちへ　かえります。
あなたは　たびたび　じどうしゃで　いきますか。
いいえ、たまにしか　いきません。
うちへ　かえってから　なにを　しますか。
テニスを　したり　さんぽを　したり　します。
時々　かいものに　出かけたり　ともだちを　たずねたり　します。
夕はんの　あとで　なにを　しますか。
少し　休んでから　二時間ぐらい　よしゅうや　ふくしゅうを　します。
毎ばん　べんきょうしますか。
土曜の　ばんは　いつも　べんきょうしませんが、

外の　ばんは　たいてい　べんきょうします。

## にじゅうろく（二十六）

あなたは　きのう　どんな　ことを　しましたか。

私は　きのうの　朝　いつもより　おそく　おきました。

きのうは　休みでしたからです。

八時ごろ　朝はんを　食べてから、米国の　友だちに　手紙を　書きました。

先週　もらった　手紙の　へんじです。

午後　イギリスの　友だちが　たずねて　来て　いろいろ　はなしました。

米国（國）

友

紙

書

国｜　来｜　中｜　今｜　晩明

---

この　かたは　おととしの　ふゆ　日本へ　来たの=
ですが、　来週の　おわりか　さ来週の　はじめに
国へ　かえります。
しかし　来年か　さ来年　また　日本へ　来る　そ=
うです。
私たちは　きょ年の　はる　友だちに　なりました。
友だちが　かえってから　さんぽに　出かけました。
さんぽの　と中で　くろださんに　あいました。
くろださんは　しょうわ　三十五年の　三月に　学=
校を　出て、　今は　まるのうちの　ある　かいしゃ=
に　つとめて　います。
今晩か　明晩　私を　たずねて　来る　そうです。

# 九年

イギリスの　お友だちは　学校を　そつぎょうしてか＝
ら　日本へ　来たのですか。
はい、　そうです。
なん年に　そつぎょうしましたか。
い、い、
くろださんの　二年前です。
すると　そつぎょうした　年は　なん年でしょう。
い、い、
しょうわ　三十五年は、　千九百六十年ですから、
千九百五十八年に　そつぎょうしたのです。
あなたは　さく晩は　なにを　しましたか。
夕はんの　あとで　きのう　ならった　ところを
ふくしゅうして、　十時半ごろ　休みました。

何

紙

入
出

所

切

## にじゅうしち（二十七）

手紙を　書きたい　時には　何が　いりますか。

紙が　いります。

手紙は　何に　入れて　出しますか。

ふうとうに　入れて　出します。

ふうとうには　何を　書きますか。

おもてに　あて名を　書いて、うらに　じぶんの　所と　名前を　書きます。

あて名と　いうのは　むこうの　人の　所と　名前です。

切手は　どこに　はりますか。

おもての　左の　上の　すみに　はります。

行

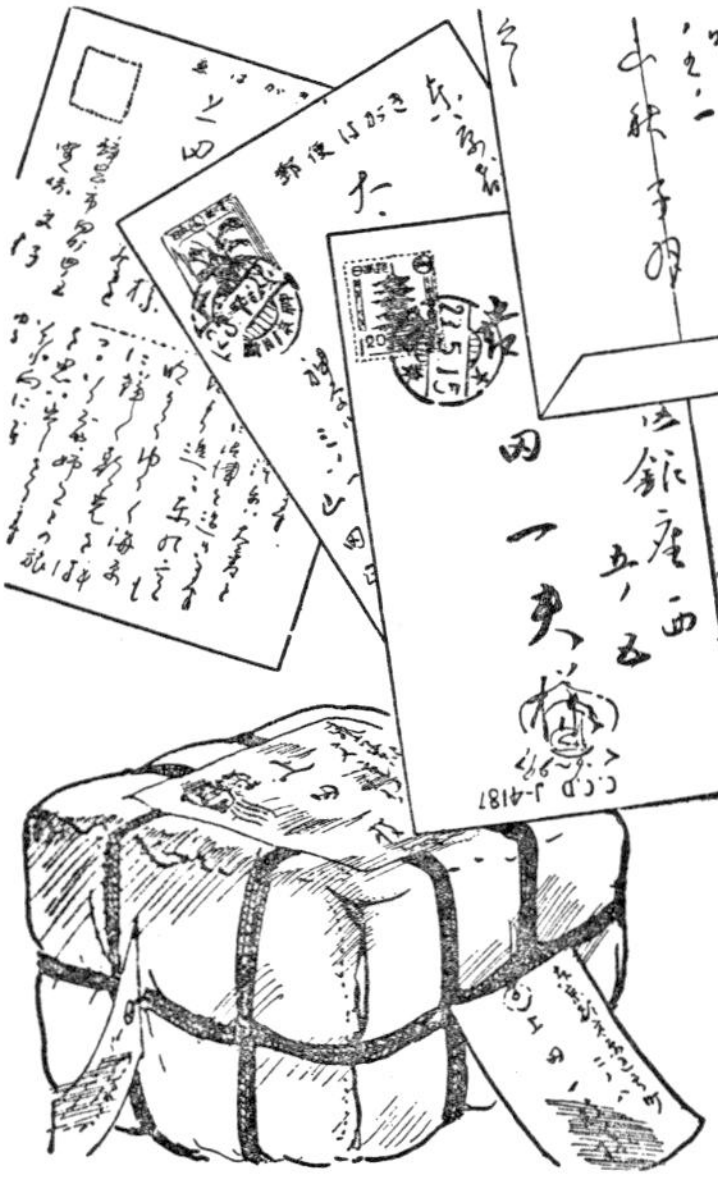

はがきにも　切手=を　はりますか。

いいえ、はがき=には　はりませ=ん。けれどもえはがきにははります。

手紙は　いくら　かかりますか。

かるいのは　十円で　行きますが、　おもいのはもっと　かかります。

なんグラムまで　十円で　行きますか。

二十グラムまでです。

船（船）

耳音聞

ここから　米国まで　手紙は　なん日ぐらい　かかり〃
ますか。
船で　二週間ぐらい　かかります。
こうくうびんなら　五日ぐらいで　つきます。
こづつみを　出したい　時には　どこへ　持って　行〃
きますか。
ゆうびんきょくへ　持って　行きます。

## にじゅうはち（二十八）

私たちは　目で　ものを　見ます。
耳で　音を　聞きます。
はなで　においを　かぎます。

## 明暗

明

目が　なければ　見る　ことが　できません。

目が　あっても、　それを　とじれば　何も　見えません。

しかし　目を　あければ　すぐに　見えます。

私たちは　明るければ　見えますけれども、　暗ければ　見えません。

ですから　夜は　明かりが　あれば　見えますが、　なければ　見えません。

ねこは　暗くても　見えます。

ある　人は　いつも　見る　ことが　できません。

なぜでしょう。

めくらだからです。

めくらの　人は　明るくても　見えません。
もし　耳が　なければ　聞く　ことが　できません。
耳が　あっても、それを　ふさげば　何も　聞こえません。
しかし　あければ　すぐに　聞こえます。
ある　人は　いつも　聞く　ことが　できません。
なぜですか。
つんぼだからです。
私たちは　手で　ものを　持ちます。
手が　なくても　ものを　とる　ことが　できますか。
いいえ、手が　なければ　ものを　とる　ことが　できません。

話

口話

では、手が　なければ　話を　する　ことが　できませんか。

いいえ、手が　なくても　話を　する　ことが　できます。私たちは　口で　話すので、手は　いらないからです。

私は　右の　手に　何を　持って　いますか。

コップを　持って　います。

この　コップを　おとせば　どう　なりますか。

こわれます。

## にじゅうく（二十九）

この　えには　いろいろの　ものが　書いて　ありま=

# 一　色

す。
はこや　びんや　ボタンや　はさみや、その外　いろ＝
いろ　あります。
はこは　四つ　あって、三つは　からですが、一つは
いっぱいです。
いっぱいなのは　マッチの　はこです。

それは　どんな　色＝
ですか。
　わかりません。
まるい　はこは　あ＝
りますか。
　いいえ、まるいの＝

角

鉄（鐵）

---

はありません。みんな　四角の　ばかりです。

ボタンは　三角ですか。

いいえ、三角じゃ　ありません。みんな　まるい＝
の　ばかりです。

くつは　なんぞく、はさみは　なんちょう　あります＝
か。

くつは　一そく、はさみは　二ちょう　あります。

くつは　たいてい　かわで　こしらえます。

はさみや　ナイフは　はがねで　こしらえます。

なべや　かまは　鉄や　アルミニュームなどで　こし＝
らえます。

鉄には　いろいろの　しゅるいが　あります。

銀　字

はがねは　鉄の　一しゅです。
鉄は　金です。
金、銀、どう、アルミニュームなども　金です。
バケツは　トタンや　アルミニュームなどで　できて
います。
びんや　かがみは　なんで　こしらえますか。
ガラスで　こしらえます。
この　びんには　紙が　はって　あります。　紙には
字が　書いて　あります。
この　びんの　中に　何が　はいって　いますか。
わかりません。
たぶん　インキが　入れて　あります。

びんは　あいて　いますか、ふたが　して　ありますか。

ふたが　して　あります。

まどは　たいてい　なんで　できて　いますか。

たいてい　木と　ガラスで　できて　いますが、時々　鉄と　ガラスで　できて　います。

あの　まどは　あけて　ありますか、しめて　ありますか。

あけて　あります。さっきまで　しまって　いましたが、少し　前に　私が　あけました。

## さんじゅう　（三十）

引

この　えを　ごらんなさ＝い。
本が　四さつ　あります。
左の　上の　本は　小さ＝くて　うすいのですが、その　下のは　大きくて　あついのです。
右の　上の　本は　はばが　ひろいけれども　あつく＝は　ありません。
右の　下のは　はばが　せまくて　うすいのです。
この　大きくて　あつい　本は　なんですか。
字引きです。

字引きは　たいてい　あつくて、ページが　たくさん
あります。しかし　うすいのも　あります。
小さい　字引きなら　ポケットの　中へ　入れる
ことが　できますけれども、大きいのは　できません。
小さい　字引きは　持って　歩くのに　べんりですが、
大きいのは　ふべんです。
あなたは　字引きを　持って　いますか。
はい、二さつ　持って　います。えいわじしょと
わえいじしょです。
今　ここに　持って　いますか。
いいえ、二さつとも　二かいの　へやに　おいて
あって、下には　ありません。

使　引　多　勉強（强）

字引きは　なんに　使いますか。
ことばの　いみを　知るのに　使います。
あなたは　たびたび　字引きを　引きますか。
はい、ほとんど　毎日　引きます。
大きい　字引きに　ある　ことばを　みんな　知る
ことは　できません。なぜでしょう。
ことばの　かずが　あんまり　多いからです。
あなたの　知って　いる　日本語の　かずは　かなり
多いですか。
どう　いたしまして。私の　知って　いる　ことば〃
の　かずは　ごく　わずかです。私は　まだ　日〃
本語を　少ししか　勉強しませんから。

# さんじゅういち（三十一）

あなたは　もう　日本語を　どのくらい　勉強しましたか。

一か月半　勉強しました。

では　かなり　じょうずに　話せますか。

いいえ、まだです。よくは　話せません。

日本語の　本が　読めますか。

少し　読めますけれども　へたです。

たびたび　まちがいます。

日本語は　一年ぐらいで　習えましょうか。

一年ぐらいで　みんなは　習えませんが、よく　勉=

読（讀）

習（習）

## 病気（氣）

強すれば　かなり　じょうずに　なれましょう。
一度　習っても　おぼえて　いるのは　かなり
むずかしいです。
毎日　十五六時間ずつ　勉強　できますか。
たぶん　できるでしょう。しかし　長く　つづければ　病気に　なるでしょう。
あんまり　つづけて　勉強ばかり　するのは　体に
わるいです。
時々　さんぽや　うんどうを　する　ほうが　いいです。
病人は　よく　はたらけません。
かるい　病気の　人なら　少しは　はたらけますが、

# 重　動

重い　病気の　人は　とても　はたらけません。
病人には　夜　ねむれない　人や、歩けない　人や、
動けない　人や、いろいろの　人が　あります。
病気の　時には　どう　する　ほうが　いいですか。
　いしゃに　かかる　ほうが　いいです。
おいしゃさんは　病人を　みて、てきとうな　くすり＝
を　やって　病気を　なおします。
くすりを　のめば　きっと　なおりますか。
　いいえ、病気が　重ければ、時々　くすりを　のん＝
でも　なおりません。
病気は　早く　なおす　ほうが　いいです。
だから　病気の　時には　早く　いしゃに　行くか、

いしゃを　よぶ　ほうが　いいです。

## さんじゅうに　（三十二）

はるきちが　いいました。

「私は　こういんです。

毎日　町の　こうばで　働きます。

私は　ことし　二十です。

体は　じょうぶで　いつも　元気です。

たまに　あたまや　おなかが　いたい　ことが　あり＝ますけれども、　たいてい　じきに　なおります。

この間　かぜを　ひいて　こうばを　一日　休みまし＝た。　その　時には　ねつが　あって　のどが　いたい＝

---

町　働
二十
元

太

でしたから　すぐに　いしゃへ　行きました。
すると　よく朝は　すっかり　なおりました。
私は　前には　やせて　いましたが、　このごろは
太って　きました。
私は　毎朝　早く　うちを　出て　こうばへ　行きます。
こうばには　わかい　こういんも　としよりの　こういんも　居ます。
私たちは　毎日　八時間ずつ　働きます。
こうばが　いそがしい　時には　夜も　働きますが、
その　時には　べつに　お金を　もらいます。
私たちは　一月に　二度　きゅうりょうを　もらいま

す。　けれども　じむしょの　じむいんたちは　月まつ=
に　一度　月きゅうを　もらいます。
私たちは　じどうしゃを　なおします。
こうばは　ひろくて　きれいです。　毎日　よく　そう=
じを　しますから　ごみは　あまり　ありません。
けれども　あぶらを　たくさん　使いますから　あぶ=
らだらけに　なります。　ですから　働く　時には　い=
つも　ふくを　きかえます。
しごとが　おわると、　おふろに　はいって　よごれた
ふくを　きれいなのに　きかえてから　かえります。」

## さんじゅうさん（三十三）

通(通)
電車
走

ここは　こうさてん゠
です。
ひろい　通りには
電車と　バスが
走って　います。
こちらがわの　てい゠
りゅうじょでは
たくさんの　人が
のったり　おりたり
して　います。
むこうがわでは　五゠
六人の　人が　電車゠

## 店屋

店|

をまって　います。
ていりゅうじょの　前の　店は　くすり屋です。
いろいろの　くすりや　けしょうひんなどを　うって
います。
くすり屋の　となりは　ようひん店です。ネクタイ、
ハンケチ、ワイシャツ、シャツ、ズボン下、かさなど=
を　うって　います。
その　となりは　かぐ屋です。たんす、本ばこ、しん=
だいなどが　ならべて　あります。
その　となりは　せともの屋です。店には　ちゃわん=
や　さらが　たくさん　ならんで　います。
その　となりの　さか屋では　さけや　ビールを　う=

大

りますが、 しおや さとうも うります。
かどの 店は りはつ屋です。 二三人の 人が かみ＝
を かって もらったり、 ひげを そって もらった＝
り して います。
この 店の よこに せまい ろじが あります。
ろじの むこうがわは くだもの屋で いろいろの
くだものが ならべて あります。

## さんじゅうし （三十四）

あなたは くだものは すきですか、 きらいですか。
大すきです。
どんな くだものが おすきですか。

八百
売（賣）
買

りんご、 もも、 なし、 かき、 みかん、 いちご、 ぶどう、 バナナなどが すきです。
くだものは 八百屋で 売って いますか。
時々 売って いますが 八百屋では ふつう じゃがいも、 にんじん、 かぶ、 たまねぎ、 ほうれんそう、 いんげん、 えんどうなどの やさいを 売ります。
やさいを 買う 時には お金を たくさん はらわ

安　肉　牛

---

なければ　なりませんか。
　いいえ、そんなに　たくさん　はらわなくても　い‖
いです。やさいは　安い　ものですから。
もし　こなや　かんづめなどを　買いたい　時には
どんな　店へ　行かなければ　なりませんか。
　しょくりょうひん屋へ　行かなければ　なりません。
パンや　肉が　ほしい　時には　どんな　店へ　行か‖
なければ　なりませんか。
　パンは　パン屋へ、牛肉や　ぶた肉は　肉屋へ　行‖
かなければ　なりません。
パンは　なんで　こしらえますか。
　メリケンこで　こしらえます。

小

パンは　いつも　パン屋で　買わなければ　なりませ＝
んか。
いいえ、てんぴが　あれば、じぶんの　うちで　や＝
く　ことが　できます。
パンを　こしらえる　時には　牛にゅうを　使います＝
か。
　ふつう　使いませんが、使う　時も　あります。

## さんじゅうご　（三十五）

この　えの　まん中に　町が　あります。
かなり　大きな　町です。
町の　むこうに　ひくい　小山が　たくさん　ありま＝

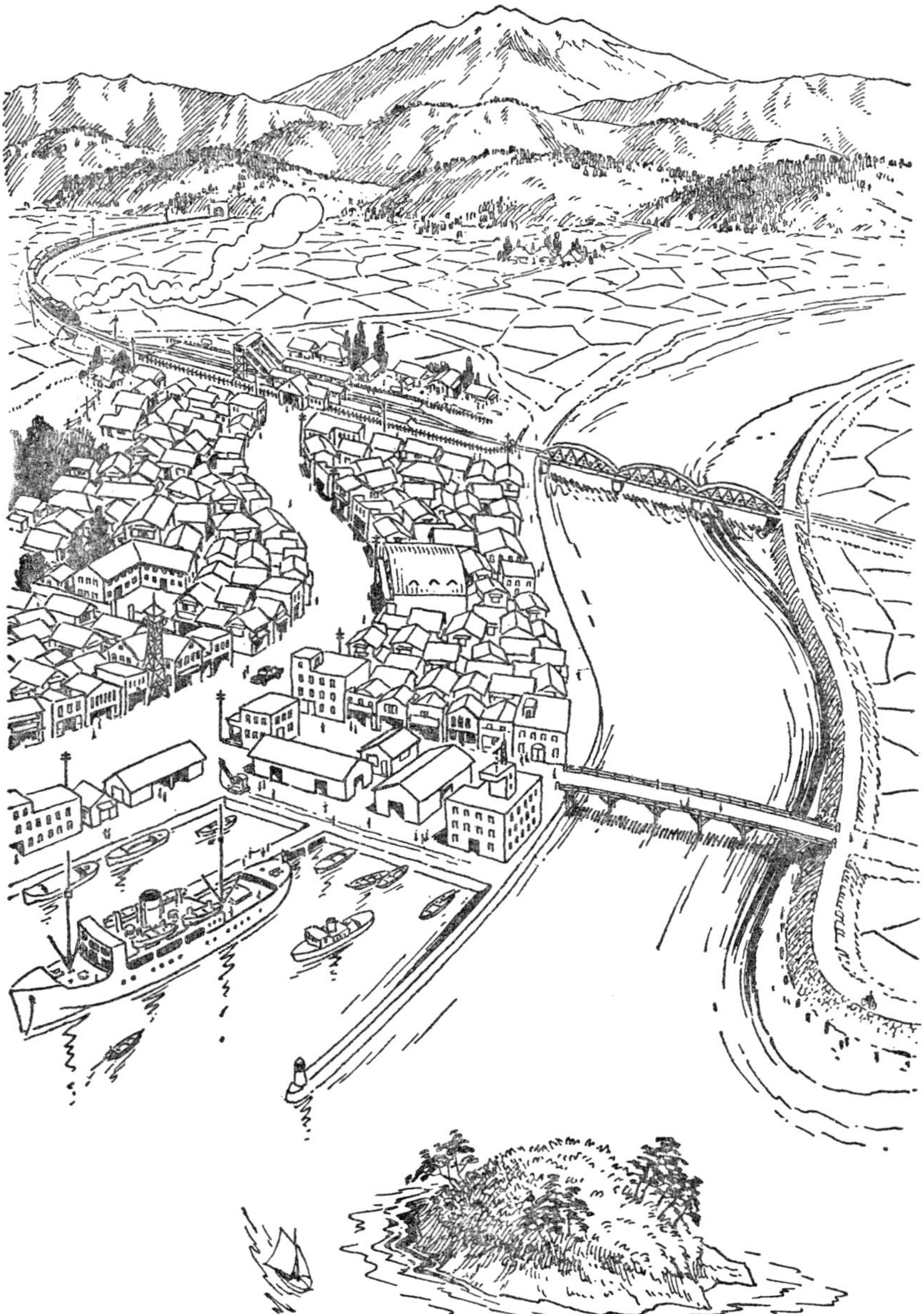

高

雪（雪）

山

尺

川

海（海）

---

す。

その　むこうに　高い　山が　あります。

その　山の　ちょうじょうには　雪が　つもって　います。

この　山は　ふじ山でしょうか。

たぶん　そうじゃ　ないでしょう。

ふじ山の　高さは　三千七百メートル（やく一万二千尺）いじょう　ありますから　もっと　高いでしょう。

町の　こちらに　川が　あります。

小さな　川ですか。

いいえ、かなり　大きな　川です。

川は　右から　ながれて　海へ　はいります。

汽車

尺

川には　はしが　二つ　かかって　います。
一つは　汽車の　ためで、もう　一つは　車や　人が
通る　ためです。
この　はしは　二つとも　てっきょうでしょうか。
汽車のは　てっきょうですが、外のは　そうじゃ
ないかも　しれません。どうも　木の　はしらしい＝
です。
この　川の　ふかさは　どのくらいでしょう。
さあ、わかりません。六メートルぐらい（やく二十＝
尺）かも　しれません。
川が　海へ　はいる　所では　もっと　ふかい　所も
あさい　所も　ありますから　よく　わかりません。

けれども　この　川は　かなり　ふかいらしいです。

## さんじゅうろく　（三十六）

もう　一度　この　えを　ごらんなさい。
小山には　トンネルが　あって、　てつどうが　通って
います。
今　走って　いる　汽車は　少し　前に　トンネルを
通りました。
今　えきに　つく　ところです。
えきの　前を　ひろい　道が　通って　います。
たいらな　いい　道です。
この　道は　まっすぐですか、　まがって　いますか。

道（道）

自動

外人

船

---

かなり　まがって　います。

この　道を　一だいの　自動車が　走って　来ます。今　けいさつの　前を　通る　ところです。うんてんして　いる　人は　女の人の　ようです。たぶん　外国人でしょう。

そうかも　しれません。

道ばたに　いる　人は　何を　して　いますか。

自てん車に　よりかかって　休んで　います。たぶん　つかれたのでしょう。道が　少し　さかですから。

みなとには　汽船が　一そう　とまって　います。かなり　大きい　船の　ようです。

外　島

みなとの　外を　小さい　船が　走って　います。

この　船は　今　島の　そばを　通って　います。

ヨットは　汽船ぐらい　早く　走る　ことが　できますか。

いいえ、ヨットは　汽船ほど　早く　走る　ことは　できません。

自てん車は　汽車ぐらい　早く　走る　ことが　できますか。

いいえ、自てん車は　汽車ほど　早く　走る　ことは　できません。

しかし　自動車なら　汽車ぐらい　早く　走る　ことが　できます。

天

空　風

雲

---

## さんじゅうしち（三十七）

安川さんが　ある　店で　いいました。

「きょうは　ほんとに　いい　天気です。

空は　すっかり　はれて　いて、風も　ほとんど　ありません。

日が　よく　てって　いて、空には　ほとんど　雲がありません。

おととい　雨が　ひどく　ふったので　ほこりは　たちません。

あまり　あつくは　ありませんが、いそいで　歩くと少し　あせが　出ます。

うわぎを　ぬいで　歩けば　ちょうど　いいくらいで

強|

す。
おとといは　あらしで　風も　ずいぶん　強く　ふき‖
ました。
きのうは　一日じゅう　くもって　いて、　日は　出て
いませんでした。
そのかわり　きょうより　ずっと　すずしくて、　ちっ‖
とも　あつくは　ありませんでした。
くもっては　いましたが、　風は　なかったし　すずし‖
かったので　働くのには　いい　日でした。
きょうは　いい　天気だし　日曜なので　さんぽに
出かけました。
かなり　歩いて　つかれたし、　のども　かわいたし、

あしも　少し　いたいので、この　店へ　よって
こう茶を　一ぱい　のんで　いる　ところです。
六キロ　近くも　歩いたので、少し　おなかも　すき＝
ましたが、もう　四時すぎですから　うちへ　かえっ＝
てから　何か　食べましょう。」

## さんじゅうはち　（三十八）

ごらんなさい。ゆかの　上に　何か　あります。
だれが　おとしたのですか。
　あなたが　おとしたのです。
私は　それを　ひろいます。
私が　今　ひろったのは　三角の　紙ですか、四角の

紙ですか。
　三角の　紙でも　四角の　紙でも　ありません。
　まるい　紙です。
この　紙は　赤いですか、青いですか。
　赤くも　青くも　ありません。白いです。
私が　今　紙を　ひろった　時　使ったのは　どちら‖
の　手でしたか。
　右の　手でした。
ごはんを　食べる　時、はしを　持つ　ほうの　手は
右の　手で、茶わんを　持つ　ほうの　手は　左の
手です。
ものを　さす　時　使うのは　右の　手の　人さしゆ‖

赤
青（靑）
白

びです。
あなたは　五本の　ゆびの　名前を　知って　います‖
か。
　はい、知って　います。おやゆび、人さしゆび、中‖
ゆび、くすりゆび、小ゆびです。
五本の　ゆびの　中では　おやゆびが　一番　太くて
小ゆびが　一番　ほそいです。
ゆびわを　はめるのは　ふつう　おやゆびですか、人‖
さしゆびですか。
おやゆびでも　人さしゆびでも　ありません。
　くすりゆびです。

田　　　　思



## さんじゅうく （三十九）

田中さんは　私の　友だちです。時々　私の　うちへ
あそびに　来て、いろいろの　話を　します。
田中さんは　えいがや　しばいが　大すきで　たびた=
び　見に　行きます。
私は　時々　田中さんと　いっしょに　えいがを　見=
に　行きますが、まだ　日本の　しばいを　見た　こ=
とが　ありません。
私は　前から　かぶきを　見たいと　思って　いました。
来週は　学校が　休みですから　ぜひ　見に　行きた=
いと　思って　田中さんに　話しました。

すると　きのう　田中さんが　さそいに　来ました。
私は　来週の　月曜の　晩に　かぶきを　見に　行く
つもりです。
つぎは　田中さんとの　かいわです。
田中「あなたは　かぶきを　見た　ことが　あります＝
か。」
私「いいえ、まだ　見た　ことが　ありませんから、
ぜひ　一度　見たいです。」
田中「私は　明晩　かぶきざへ　行く　つもりですか＝
ら　いっしょに　行きませんか。」
私「ありがとう　ございますが、友だちが　うちへ
来る　はずですから、行く　ことが　できません。

来週の　月曜なら　ひまです。」
田中「そうですか。私は　明晩　行く　つもりでした＝
が、そんなら　月曜に　しましょう。では　月曜日＝
の　午後　五時ごろ　むかえに　来ます。」
私「どうぞ　おねがいします。」
田中「あなたは　この間の　おんがくかいに　行きま＝
したか。」
私「行きたかったんですが、ようじが　あって　行く
ことが　できませんでした。」
田中「休みだったので　私も　行きたかったんですが、
かぜを　ひいて　行く　ことが　できませんでした。」
私「黒田さんや　西村さんは　行ったでしょうね。」

黒(黑)田
村

# 新聞

田中「黒田さんは　行った　そうですが、西村さんは　行かなかった　そうです。」

私「どうしてでしょう。」

田中「行く　はずでしたが　おきゃくが　あって　行けなかった　そうです。」

私「たいへん　よかった　そうですね。」

田中「いいえ、黒田さんの　話では　あんまり　よくなかった　そうですよ。」

私「そうですか。新聞に　よると　高山さんの　ピアノは　たいへん　じょうずだった　そうですがね。」

田中「そうですか。それは　知りませんでした。」

## しじゅう（四十）

ホワイトさんは　じむしょへ　出かける　前に　女中＝
の　花さんを　よんで　話を　して　います。
ホワイト「これから　出かけますが、るすに　だれか
来たら、六時ごろで　なければ　かえらないと
いって　ください。」
花「一日じゅう　じむしょですか。」
ホワイト「いいえ、きょうは　よこはまへ　行きます＝
から　おひるすぎで　なければ　かえりません。
それから　もしかすると　山本さんから　電話が
あるかも　しれませんが、もし　電話が　あったら、
あすの　晩は　つごうが　悪くて　だめですから、

---

女
本
話
悪（惡）

包（包）
小包

あさっての 晩 来る ように いって くださ＝
い。」
花「なん時ごろ いらっしゃる ように いいましょ＝
うか。」
ホワイト「七時すぎなら なん時でも けっこうです＝
と いって ください。」
その 時 げんかんで ベルが なりました。
ホワイト「げんかんに だれか 来た ようです。
ちょっと 行って みて ください。」
少し たって 花さんは 紙包みを 持って はいっ＝
て 来ながら いいました。
花「ゆうびん屋さんです。小包です。」

切

送(送)

訳(譯)

ホワイト「どこから　来たのですか。」
花「こうべの　しょうわどうと　いう　本屋からです。」
ホワイト「なんでしょうね。あけて　みて　ください。」
花「この　ひもは　かたく　しばって　あって　なか=
なか　ほどけません。」
ホワイト「はさみで　切って　しまう　ほうが　いい=
でしょう。」
花「だいじょうぶです。あ、ほどけました。」
ホワイト「あ、本ですね。わかりました。こうべの=
友だちが　買って　送って　くれたのです。」
花「なんの　本ですか。」
ホワイト「パーマさんが　書いて　大村さんが　訳し=

会(會)　生　取

た　会話の　本です。じむしょの　人に　買って　あげたかったのですが、ここで　買えなかったので、友だちに　たのんで　買って　もらったのです。」

## しじゅういち（四十一）

きょうしつで　先生が　せいとに　話して　います。

これから　書き取りの　しけんを　します。本を　しまって　ください。

先生、えんぴつで　書いても　よう　ございますか。

いいえ、えんぴつで　書いては　いけません。ペンまたは　万年ひつで　お書きなさい。

先生、私は　ペンを　わすれて　来ました。

上

わすれものを　しては　いけませんね。　これからは
気を　つけなさい。
それでは　きょうは　私の　万年ひつを　かして　あ=
げましょう。
　ありがとう　ございますが、田村さんに　かります=
から　よろしゅう　ございます。
そうですか。それでは　かして　もらいなさい。
木村さん、あなたは　何を　して　いますか。
　紙を　さがして　います。
紙は　私が　上げます。
紙に　名前を　わすれずに　お書きなさい。
私が　三度　読みますから、よく　気を　つけて　お=

聞きなさい。
一番　はじめは　書かないで、よく　聞いて　おいでなさい。
二度目は　ゆっくり　読みますから、その　時　お書きなさい。
三度目に　なおして、五分　あとで　お出しなさい。
さあ、いいですか、はじめますよ。
先生、まどの　外が　やかましくて　聞きにくうございますから、せきを　かえても　よろしゅうございますか。
この　せきの　ほうが　聞きやすいでしょう。
ここへ　来て　お書きなさい。

牛

言葉

古　新

下

---

さあ、早く　なさい。

牛山さん、あなたは　いつも　おそいですね。もっと早く　しなくては　だめです。

では、これから　はじめます。

## しじゅうに　（四十二）

日本語を　習う　時、はんたいの　言葉を　いっしょに　おぼえると　たいへん　べんりです。たとえば「古い」と「新しい」、「おいしい」と「まずい」、「上がる」と「下がる」は　はんたいの　言葉です。

また　うちけしの　かたちを　いっしょに　おぼえると　べんりです。たとえば、「行きます」の　うちけし＝

来

体

言方

は「行きません」で「行く」の　うちけしは「行かない」です。「来ます」の　うちけしは「来ません」で「来る」の　うちけしは「来ない」です。

「来て　ください」と「して　ください」の　うちけしは「来ないで　ください」と「しないで　ください」です。

「来ません」は「来ない」より　ていねいです。ぶんぽうでは「来ません」を　けい体と　いって、「来ない」を　じょう体と　いいます。

けい体は　ていねいな　言い方で、じょう体は　ふつうの　かたちです。

ぶんぽうは　言葉を　使う　きそくです。

ぶんぽうの　言葉は　ふつうの　話の　時には　使いませんが、勉強の　時には　かなり　べんりです。

また　うけみと　いう　かたちが　あります。

みなさんが　じょうずに　日本語を　話すと　先生にほめられますね。この「ほめられる」は「ほめる」のうけみです。

「よぶ」の　うけみは「よばれる」で、「たのむ」の　うけみは「たのまれる」です。

「する」の　うけみは「しられる」では　なくて、ただの「される」です。これだけが　れいがいです。

「しられる」は「知る」の　うけみです。

では、「見る」と「しかる」の　うけみを　言って

州　生　住

ごらんなさい。

## しじゅうさん（四十三）

アブラハム　リンカンは、今から　百五十年ほど　前、アメリカ　がっしゅう国　ケンタッキー州　ハーディンぐんで　生まれました。リンカンの　おじいさんは　千七百八十年ごろ　ヴァージニア州から　ケンタッキー州に　うつり、リンカンの　おとうさんは　千八百十六年ごろまで、そこに　住んで　いて、それから　インディアナ州に　うつりました。

リンカンは　小さい　時から　がくもんが　すきでしたが、うちが　ひじょうに　びんぼうだったので、あ

有
名南北
南北

まり　学校へ　行く　ことが　できませんでした。
しかし　ぜひ　がくもんを　したいと　思って　ひと‖
りで　よく　勉強しました。
リンカンは　かぞくが　千八百三十年に　イリノイ州‖
に　うつってから　家を　出て、　ある　時は　人に
やとわれて　働き、　また　ある　時は　しょう人に
なって　いろいろの　しょうばいを　やりました。
それから　べんごしに　なって　だんだん　人に　知‖
られ、　とうとう　千八百六十年には　アメリカ　がっ‖
しゅう国の　大とうりょうに　えらばれました。
リンカンが　大とうりょうに　なって　いた　時　有‖
名な　南北せんそうが　おこって、　南の　州と　北の

州が　たたかいました。この　せんそうは　千八百六十一年から　六十五年まで　つづいたのですが、とうとう　北の　州が　かって　南の　州が　まけました。ですから　リンカンは　はじめの　うちは　南の　州の　人たちには　よく　思われませんでした。また　ある　人たちからは　悪く　言われました。

ある　時　リンカンが　フォーズざへ　行った　時、ジョン　ブースと　いう　ものに　ピストルで　あたまを　うたれました。

リンカンは　すぐに　近くの　家へ　おくられて、いしゃの　手あてを　うけましたけれども、とうとう　千八百六十五年　四月十四日に　なくなりました。

答

## しじゅうし　（四十四）

ある　せいとが　立って　話して　います。
「この　学校の　日本語の　じゅぎょうの　ようすを
お話しします。
先生は　いつも　日本語で　お話しに　なります。
日本語の　外は　ほとんど　お使いに　なりません。
先生は　たくさん　しつもん　なさいます。
私たちは　すぐ　それに　答えます。
先生は　また　いろいろの　ことを　する　ように
おっしゃいます。
たとえば　先生が　立つ　ように　おっしゃると、　私＝

たちは　立ちます。
まどの　ところへ　行く　ように　おっしゃると、　ま＝
どの　ところへ　行きます。
まどを　あける　ように　おっしゃれば、　まどを　あ＝
けますし、　しめる　ように　おっしゃれば、　まどを
しめます。
本を　読む　ように　おっしゃれば、　本を　読みます。
ひとりで　読む　ことも　ありますし、　みんなで
いっしょに　読む　ことも　あります。
その外　いろいろの　ことを　して　習います。
日本語の　勉強は　むずかしいけれども、　たいへん
おもしろいと　思います。」

## しじゅうご（四十五）

私は　日本語の　きょうしです。

日本語の　じゅぎょうの　時、私は　いろいろの　ことを　なん度も　話して　聞かせます。

はじめは　本を　使わないで、話だけを　します。

時々　品物や　えを　見せて　いみを　わからせます。

しばらく　話を　してから、本を　出させて　読ませます。

ひとりずつ　読ませる　ことも　ありますし、

いっしょに　読ませる　ことも　あります。

言葉や　ぶんしょうを　書かせる　ことも　あります。

品物

また　いろいろの　ことを　させて　言葉を　おぼえ＝
させます。
品物を　持って　来させたり、まどの　そばへ　行か＝
せたり　します。
また　いろいろの　しつもんに　答えさせたり、いろ＝
いろの　ことを　話させたり　します。
せいとに　答えられない　時には　私の　あとを　つ＝
けて　言わせます。
たとえば　次の　ような　もんどうを　します。
「のどが　かわいた　時には　どう　しますか。」
「水や　お茶や　おゆを　のみます。」
「おなかが　すいた　時には　どう　しますか。」

食品

待

「いろいろの　物を　食べます。」

「あなたは　だれに　へやの　そうじを　させますか。」

「女中に　させます。」

「くつは　だれに　みがかせますか。」

「たいてい　女中に　みがかせますが、　時々　自分で=

も　みがきます。」

「食りょう品は　だれに　買わせますか。」

「たいてい　女中に　買わせますが、　自分で　買いに
行く　ことも　あります。　店に　電話を　かけて　お=

いて　女中を　取りに　やる　ことも　あります。」

「人を　待たせるのは　いい　ことですか。」

「いいえ、　悪い　ことです。」

用事

「人に　待たせられるのは　すきですか。」

「いいえ、待たせられるのは　きらいです。」

「『待たせられる』と　『待たされる』は　同じ　いみですか、ちがう　いみですか。」

「同じ　いみです。」

こうして　せいとは　だんだん　じょうずに　なるのです。

## しじゅうろく（四十六）

私は　用事が　あって　きのう　ある　人を　たずねました。
その　人は　五キロばかり　はなれた　町に　住んで

いるので、 電車か バスで 行かなければ なりませ=
ん。
私は まだ その 人の うちへ 行った ことが
なかったので、 どっちで 行くのが べんりなのか
わかりませんでした。
それで どっちに しようかと 思いましたが、 電車=
で 行く ことに しました。
むこうの えきで おりて、 こうばんで じゅんさに
聞くと、 その 人の 所は すぐ わかりました。
えきから 歩いて 十五分ぐらいの 所で、 バスでも
行かれました。
私は バスで 行こうかとも 思いましたが、

仕事

帰(歸)

客間

---

ひじょうに いい 天気だったので、 歩いて 行く ことに しました。

その 人は るすでした。

仕事の ために 三十分ほど 前に 出かけたのだ そうです。

私は がっかりしました。 電ぽうで 知らせて おけば よかったと 思いましたが、 しかたが ありません。

しかし 三四十分で 帰って 来るかも しれないと いうので、 少し 待とうと 思いました。

私は 客間で 一時間近く 待ちましたが、 帰って 来ないので、 うちへ 帰る ことに しました。

合

その　家を　出ようと　した　時　ちょうど　その
人が　帰って　来ました。
私は　また　客間へ　もどって　用事を　すませて、
うちへ　帰りました。

## しじゅうしち（四十七）

青木さんは　用事が　あって　前川さんを　たずねて
客間で　話を　して　います。
この　ふたりは　古い　知り合いですが、かなり　て＝
いねいな　言葉を　使って　います。
青木「きょうは　どこかへ　お出かけですか。」
前川「午前ちゅうは　どこへも　出かけませんが、午＝

川
参(參)

後に　品川まで　参りたいと　思って　おります。」
青木「お友だちでも　おたずねですか。」
前川「ちょっと　用事が　ございまして、金子さんの
ところへ　上がらなければ　なりません。」
青木「さようで　ございますか。私は　金子さんには
しばらく　お目に　かかりませんが、よろしく
おっしゃって　くださいませんか。」
前川「かしこまりました。もうし上げます。」
青木「さあ、それでは　おいとま　いたしましょう。
おじゃま　いたしました。」
前川「まあ、よろしいでは　ございませんか。もう
少し　あそんで　いらっしゃって　ください。」

御



青木「しかし　品川へ　おいでに　なる　前に　御用=
が　おありでしょう。」
前川「いいえ、何も　ございませんのですから　どう=
ぞ　ごえんりょなく。それに　もう　おひるですか=
ら、何も　ございませんが、ごはんを　上がって
いらっしゃって　ください。」
青木「ありがとう　ございますが、きょうは　おいと=
ま　いたしましょう。また　この　次に　ちょうだ=
い　いたします。」
前川「さようで　ございますか。では　また　おいで
ください。」
青木「ありがとう　ございます。近い　うちに　また

行

太郎(郎)

次長男

おじゃまに　うかがわせて　いただきます。」
前川「さよなら。」
青木「さよなら。」

## しじゅうはち（四十八）

山本さんは　東京の　ある　銀行に　つとめて　いて、青山に　住んで　います。山本と　いうのは　みょうじで、名前は　はるおと　いいます。おくさんは　あき子と　いいます。山本さんは　子供が　三人　あって、太郎、よし子、次郎と　いいます。太郎さんは　長男で、ことし　七つです。二番目の　よし子さんは　長女で、ことし

年|

兄

弟

父母

五つです。三番目の　次郎さんは　次男ですが、きょ年生まれたばかりで、まだ　あかんぼうです。かぞえ年は　二つですが、たんじょう日が　先先月の　中ごろでしたから　まる　一年と　二か月です。

この　三人は　きょうだいです。太郎さんは　よし子さんと　次郎さんの　兄で、次郎さんは　太郎さんとよし子さんの　弟です。よし子さんは　次郎さんのあねで、太郎さんの　いもうとです。

山本さんは　子供たちの　父で、あき子さんは　母です。

山本さんと　おくさんは　子供たちの　おやです。

太郎さんと　次郎さんは　むすこで、よし子さんは

むすめです。
山本さんの　おとうさんと　おかあさんは　子供たち＝
の　おじいさんと　おばあさんで、子供たちは　まご＝
です。

## しじゅうく（四十九）

山本さんは　三人きょうだいです。にいさんと
いもうとさんが　ひとりずつ　あります。
ねえさんも　おとうとさんも　ありません。
にいさんは　山本さんより　年が　二つ　上で、
いもうとさんは　三つ　下です。
にいさんは　たけお　いって、いもうとさんは　道＝

二　三　三

子と　いいます。たけおさんは　太郎さんたちの　おじさんで、　道子さんは　おばさんです。たけおさんは　子供が　四人　あります。　金一郎、　雪江《え》、　銀二郎、　新三郎と　いいます。この　子供たちは　太郎さんたちの　いとこです。金一郎さん、　銀二郎さん、　新三郎さんは　山本さんのおいで、　雪江《え》さんは　めいです。山本さんの　おとうさんの　友三郎さんは、　ことし七十ですから、　かなり　年よりです。　たけおさんのかぞくと　いっしょに　いなかに　住んで　います。おかあさんは　おととし　なくなりました。

市　主　馬

道子さんは　もう　けっこんして、近くの　市に　住＝
んで　います。御主人は　川島としおと　いう　人で＝
す。
ぼっちゃんと　おじょうさんが　ひとりずつ　ありま＝
したが、さく年　ぼっちゃんに　しなれたので　今で＝
は　おじょうさんが　ひとりだけです。

## ごじゅう　(五十)

むかし　ある　村で　百しょうが　一ぴきの　馬を
かって　いました。たいへん　いい　馬で、走る　こ＝
とも　早いし、仕事も　よく　するので、その　人は
この　馬を　たいへん　かわいがって　いました。

方々

市

ところが　ある　晩　どろぼうに　この　馬を　ぬす=
まれて　しまいました。
よく朝　百しょうが　うまやへ　行って　みると、馬=
が　見えません。びっくりして　方々　さがしました=
が、どうしても　見つかりません。
しかし　馬が　居なくては　仕事が　よく　できない=
ので、どうしても　べつの　馬を　一ぴき　手に　入=
れなければ　なりません。
ある　日　近くの　町に　馬市が　ありましたので、
新しい　馬を　買いに　行きました。
馬市では　馬を　売りに　来た　人たちが　馬を　つ=
れて　ならんで　いました。

馬を　買いに　来た　人たちは　馬の　そばへ　よっ＝
て　馬を　見たり、売り手と　話したり　して　いま＝
した。

馬を　ぬすまれた　人は　いい　馬を　見つけようと
思って　あちらこちら　見て　歩きました。　すると
たくさんの　馬の　中に　この間　ぬすまれたのが
居ました。

たいへん　おどろきましたが、ひじょうに　よろこん＝
で　馬の　そばへ　よって、「これは　私の　馬です。
この間　私が　ぬすまれた　馬です。」と　言いました。

馬売りは　びっくりしましたが、おこった　かおを
して、「何を　言うんです。　私は　この　馬を　一年＝

存知

返（返）



いじょうも　持って　います。あなたは　外の　馬と　まちがえたんでしょう。」と　言いました。

馬を　ぬすまれた　人は、だまって　すぐに　両手で　馬の　目を　かくして、「この　馬は　目が　悪いんです。長い間　お持ちなら、どっちの　目が　悪いか　御存知でしょう。」と　言いました。

馬売りは　どろぼうでした。ぬすんだばかりですから　この　馬の　ことを　よく　知りません。返事に　こまって　でたらめに「左の　目」と　答えました。

馬を　ぬすまれた　人は　わらいながら、「ちがいます。左の　目は　ちっとも　悪くは　ありません。」と　言いましたから、どろぼうは　あわてて、「ああ、ま

ちがいました。ほんとうは　右の　目が　悪いのでした。」と　言いなおしました。

百しょうは　両手を　はなして、「いいえ、右の　目も　悪くは　ありません。じつは　この　馬の　目は　ちっとも　悪くは　ないんです。あなたが　ほんとうに　この　馬を　一年いじょうも　持って　いたか　どうか　ためす　ために　そう　言ったのです。これで　あなたの　うそが　すっかり　わかりました。あなたは　この間の　どろぼうに　ちがい　ありません。」と　言いました。

馬売りは　うそを　見つけられて　もう　何も　言う　ことが　できません。にげようと　しましたが　大ぜ

いの　人に　つかまえられて　けいさつの　手に　わ=
たされました。
百しょうは　ぬすまれた　馬が　自分の　手に
もどったので、　大よろこびで　その　馬を　引いて
自分の　家へ　帰って　行きました。

# 第二部

## だい一か　日本語

私は日本語を九月のはじめから習って、もう四か月ばかりになります。ほんのふつうのことだけは話せますが、むずかしいことはまだ言えません。毎週五日学校へ行って、毎日三時間ずつ習います。

×　×　×　×

○「あなたは日本語がおじょうずですね。」

△「いいえ、まだよくできません。」

○「いつから習っていますか。」

△「九月のはじめからです。」

足

以下

○「四か月足らずですね。それにしてはよく話せますね。」

△「ほんのふつうのことだけです。少しむずかしいことは言えません。」

○「字も習っていますか。」

△「はい、かたかなに、ひらがなに、かん字を習いました。かなはみんな習いましたが、よく知っているかん字はまだ二百以下です。」

○「どこで習っていますか。」

△「土曜と日曜のほかは毎日三時間ずつ日本語学校で勉強します。」

○「そうですか。それではずんずんじょうずになりま

英　困

すね。」

△「いいえ、早くおぼえられないので困っています。どうしたらうまく話せるようになりましょうか。」

○「できるだけ英語を使わないで日本語で話をするようになさい。使わないナイフやほうちょうがさびてしまって切れなくなるのと同じように、言葉もたえず使わないとわすれてしまいます。本を読むばかりでなく、どんどん話をしなくてはいけません。少しぐらいまちがってもかまいませんから、はずかしがらないで、どんどん話すほうがいいです。そうすれば、じきにうまくなります。」

△「これからは、はずかしがらずに話すようにしましょ

う。それから、はつおんはどうしたらいいでしょう。」
○「口のかたちやしたのいちに気をつけることが一番たいせつです。そして先生のはつおんをできるだけよくまねることがひつようです。」
△「まことにありがとうございました。できるだけ、やってみましょう。私がまちがいましたら、ぜひなおしていただきたいです。」

# だい二か　買い物

## 一

私は友だちにおくり物をしたいのですが、私の近所にはいい店がないものですから、きのうの朝、バスで

---

近所

丁　受

銀座《ざ》へ行きました。バスはずいぶんこんでいて、なかなかかけられませんでした。しばらくつりかわにつかまっていると、ちょうど前に居た人が立ちましたので、やっとかけることができました。その時、車しょうが切符《ぷ》を切りに来たので、千円さつを出して、「かいすうけんをください。」と言いますと、車しょうはかばんの中を見て、「お気のどくさまですが、おつりがありません。」と答えましたから、「それでは、おうふくをください。」と言って五十円を一つ出しますと、車しょうは、「おうふくはありませんが、どちらまでですか。」「銀座《ざ》へ行くのですが。」「それでは青山一丁目でおのりかえください。」と言いながら、五十円を受け取って、切

教(敎)
地　行

符《ぶ》にはさみを入れ、三十五円のおつりといっしょにくれました。

青山一丁目でおりて、ちょうどむこうに来ていたバスのところへ行って、「このバスは銀座《ざ》へ行きますか。」とたずねると、車しょうは「いいえ、行きません。銀座《ざ》はこのあとです。」と教えてくれました。

しばらく待っていると、つき地行きのバスが来たので、車しょうに「このバスは銀座《ざ》を通りますか。」とたずねると、「ええ、通ります。」と答えましたから、すぐそれにのりました。

私はかなり長い間バスにのっていましたが、銀座《ざ》に参りませんので、切符《ぶ》を切りに来た車しょうに「銀座《ざ》

通

はまだですか。」とたずねると、車しょうは「まだなかなかです。」と答えましたので、私は「銀座《ざ》へ来たら教えてください。」とたのみました。

バスが日比谷《びや》の少し前に来た時に車しょうは私のそばへ来て、「この次の次が銀座《ざ》四丁目です。」と教えてくれたので、銀座《ざ》へ来た時切符《ぷ》をわたしてバスをおりました。

## 二

私はにぎやかな銀座《さ》通りを歩きながら、いろいろの店のショウウィンドウを見ました。そしてある店へはいりました。

私「こんにちは。」

足|　足|



店の人「いらっしゃいまし。」
私「くつ下がほしいのですが、どんなのがありますか。」
店の人「いろいろございます。どうぞごらんください。」
店の人はくつ下をなん足も出して見せました。私はその中から一つえらんで、
私「これは一足いくらですか。」
店の人「それは三百二十円でございます。」
私「ずいぶん高いですね。もっと安いのはありませんか。」
店の人「そちらは米国せいですから少しお高いのですが、こちらはずっとお安くて百八十円でございます。」

私「もう少しちがった色のを見せてくださいませんか。」
店の人「これはいかがですか。おねだんはあちらと同じでございます。」
私「これは少し大きすぎます。この色でもう少し小さいのはありませんか。」
店の人「その色でお小さいのはあいにく切らしておりますが……。」
店の人は外のを出して私に見せながら、
店の人「これはいかがでございますか。おねだんは百七十円ですが、色も大きさもちょうどおよろしいと存じますが……。」
私「そうですね。ではそれを三足もらいましょう。そ

分　包

れからあの手ぶくろはいかほどですか。」
店の人「七百円でございますが、もうそれだけしかのこっておりませんので、一わり五分お引きして五百九十五円にいたしておきます。」
私「そうですか。それはなかなかよさそうですね。ではそれをいただきましょう。」
店の人「ありがとうございます。お包みいたします。」
私「これはおくり物ですから、べつべつにしてください。」
店の人「かしこまりました。外に何か。」
私「きょうはそれだけです。」
店の人「さようでございますか。またどうぞ。」

合

受取

停　場

店の人はくつ下と手ぶくろの包みを私にわたしながら、

店の人「お待たせいたしました。くつ下が三足で五百十円、手ぶくろが七百円の一わり五分引きの五百九十五円、合けい千百五円ちょうだいいたします。」

私が千円さつを二まいわたすと、八百九十五円のおつりと受取をくれました。

店の人「毎度ありがとうございます。またどうぞ。」

私は「さようなら」と言いながらその店を出ました。

## だい三か　停車場で

私は神戸《こうべ》へ行く用事ができたので、東京駅《えき》のあんな

急　等　宮

い所へ行って神戸《こうべ》行きの時間をしらべました。

私「今度の神戸《こうべ》行きはなん時に出ますか。」

〇「今度は二十時三十分です。」

私「それは急行ですか。」

〇「そうです。一二等急行です。」

私「神戸《こうべ》へなん時につきますか。」

〇「あすの朝の七時三十四分ですが、三ノ宮なら七時三十分につきます。」

私「特《とっ》急はなん時ですか。」

〇「午前七時ですからあしたになりますが、大阪《さか》までしか行きません。」

私「それは大阪《さか》へなん時につきますか。」

○「午後の一時三十分につきます。」

私「それには品川からのれますか。」

○「いいえ、特急《とっ》は品川にはとまりません。」

私「どうもありがとうございました。」

○「いいえ、どういたしまして。」

× × × ×

私は切符《ぷ》の売り場へ行って、

私「神戸《こうべ》一等、かた道一まい。」

○「二千二百四十円です。」

私「あすの晩の八時三十分の急行けんとしんだいけんも。」

○「しんだいは上でよろしいですか。下はもう売り切

れました。」

私「ではしかたがありませんから、上でけっこうです。」

○「両方で二千二百円、合けい四千四百四十円です。」

×　　×　　×　　×

私はあくる日、旅《りょ》行のしたくをして東京駅《えき》へ行き、赤ぼうをよんで荷《に》物をたのみました。

私「このトランクだけチッキにして、スーツケースとふろしき包みは列《れっ》車の中へ持ちこんでください。それからこのふろしき包みにはこわれ物がはいっていますから、おとさないようにねがいます。」

赤ぼう「かしこまりました。どちらへおいでですか。」

私「神戸《こうべ》まで。」

返

待合

口

赤ぼう「しんだいの番号《ごう》はなん番ですか。」
私「一号《ごう》車の三番です。」
赤ぼう「かしこまりました。では切符《ぷ》をちょっとおかりいたします。トランクをあずけて参りますから。」
少したつと赤ぼうは帰って来て、私からあずかった切符《ぷ》を返して、
赤ぼう「あずけて参りました。ではお荷《に》物はホームの方にまわしておきますから。」
私はしばらく待合室《しつ》で待っていて、列《れつ》車の出る二十分前にかいさつ口の方へ行きますと、もうたくさんの人が二れつにならんでいました。私はぎょうれつのあとについて切符《ぷ》を切ってもらってホームへ行きました。

所

生

虫(蟲)間

物

列《れっ》車にのって、自分の場所にこしかけてまどからくびを出していると、赤ぼうが荷《に》物を持って来ました。私は「どうもごくろうさま。」と言いながら、さいふから百円さつを一まい出してわたし、

私「おつりはいりません。」

赤ぼうはぼうしを取っておじぎをしながら、

赤ぼう「どうもありがとうございました。」

## だい四か　生き物

生き物にはけものや鳥や虫などがあります。人間ももちろん生き物です。こういうものはみな動物といいますが、ふつうの話で動物という時には牛や馬などの

役　羊

けものをさします。

牛や馬は荷《に》物をはこんだり田やはたけの仕事を手つだったりしますから、人間にとってひじょうに役にたつ動物です。 また牛乳《にゅう》は子供や病人がのむばかりでなく、 紅《こう》茶やコーヒーに入れたり、 バターやチーズをこしらえたりします。

ある動物は生きている時ばかりでなく、 しんでからも人間の役にたちます。かわはいろいろの物をつくるのに使うし、 肉は食べ物になります。ふつう食べるのは牛やぶたや羊の肉ですが、 にわとりやさかなもたくさん食べます。

ことに日本ではさかなをたくさん食べます。 牛肉、

ぶた肉、鳥の肉などを食べる人ももちろん多いですが、日本人の中には肉を少しも食べない人もあります。

動物の毛はおり物をつくるのに使います。ことに羊の毛は一番たくさん使われます。

動物の中には人間に役にたたないばかりでなく、人間にがいをするものもあります。ねずみはかぐやどうぐをかじったり、やさいを食べたりします。また時々こわい病気をうつしたりします。

虫にもいろいろあります。はえや、のみや、かのようにに人間にがいをするのもあれば、人間に役にたつのもあります。

はえはうるさい虫です。かおでも手でも、どこでも

平（一）

宅

---

かまわずにとまって、おってもおってもまた来てとまります。はえはまたきたない虫です。ごみためにもべんじょにも平気でとまります。

かもいやな虫です。人の体をさしてちをすいます。かにさされると、かゆくてたまりません。

## だい五か　電話

中山さんと山口さんはしたしい友だちです。ある日、中山さんは山口さんのお宅へあそびに行くやくそくをしました。ところが、うんわるく、その日の朝、急に用事ができて、晩にどうしても田村という人の家へ行かなければならなくなりましたので、山口さんをた

家｜　料　訳｜同｜　地｜

ずねることができなくなりました。中山さんはまだ田村さんの家へ行ったことがありませんが、田村さんは山口さんの知り合いですから、山口さんに聞けばわかると思って、近所のこうしゅう電話へ行きました。

料金を入れてダイヤルをまわしましたが、どうしても出ませんので、きょくに電話をかけて番号《ごう》をたしかめましたら番号《ごう》がかわっていました。今度はまちがってかかったのでもう一度かけなおすと、山口さんの女中が出ました。うんよく山口さんはお宅だったので、訳を話してわびると同時に田村さんの所を聞きました。

× × × ×

中山「もしもし、品川区《く》品川五番地の山口太郎さんは

手

失礼(禮)

---

四九一の七六九三ですか。」

こうかん手「山口さんは四九一の二九七四にかわりました。」

中山「ふた千きゅう百なな十よん番ですね。」

こうかん手「そうです。」

中山「どうもありがとう。」

× × × ×

中山「もしもし、山口さんのお宅ですか。」

○「いいえ、ちがいます。」

中山「そうですか。それは失礼いたしました。」

× × × ×

女中「もしもし、こちらは山口でございますが、どな

たさまですか。」

中山「中山です。御主人はおいでですか。」

女中「はい、いらっしゃいます。ただ今およびいたしますから少々お待ちくださいまし。」

×　×　×　×

女中「だんなさま、中山さんからお電話でございます。」

×　×　×　×

山口「もしもし、お待たせしました。山口です。」

中山「じつは今晩おうかがいするおやくそくでしたが、よんどころない急用ができて、今晩田村さんのお宅へ上がらなければならないので、お宅へうかがえません。まことにすみませんがあしからず。」

山口「そうですか。それはざんねんですね。明晩はいかがですか。」
中山「明晩ならさしつかえありませんから、きっとおうかがいします。」
山口「そうですか。それではお待ちしております。」
中山「時に、あなたは田村さんのお宅の番地を御存知ですか。」
山口「よくおぼえていませんが、たしか本村町百四十七番地と思います。」
中山「あなたは田村さんのお宅へおいでになったことがおありですか。」
山口「ええ、二三度うかがったことがあります。」

黒

留場

中山「私は今晩上がらなくてはならないんですが、どう行ったらいいでしょう。」

山口「そちらからですと、電車なら、目黒行きにおのりになって古川橋《ばし》でのりかえて、四ノ橋《はし》の停留場でおりるんですが、古川橋《ばし》から歩いてもたいしたことはありません。」

中山「ここから古川橋《ばし》まで電車でなん分ぐらいかかりましょう。」

山口「そうですね。二十四五分でしょう。午後の五六時前後はかなりこんでいますが、四時以前か六時以後ですとかなりすいています。」

中山「四ノ橋《はし》でおりてからはどう行くんですか。」

間　洋　家

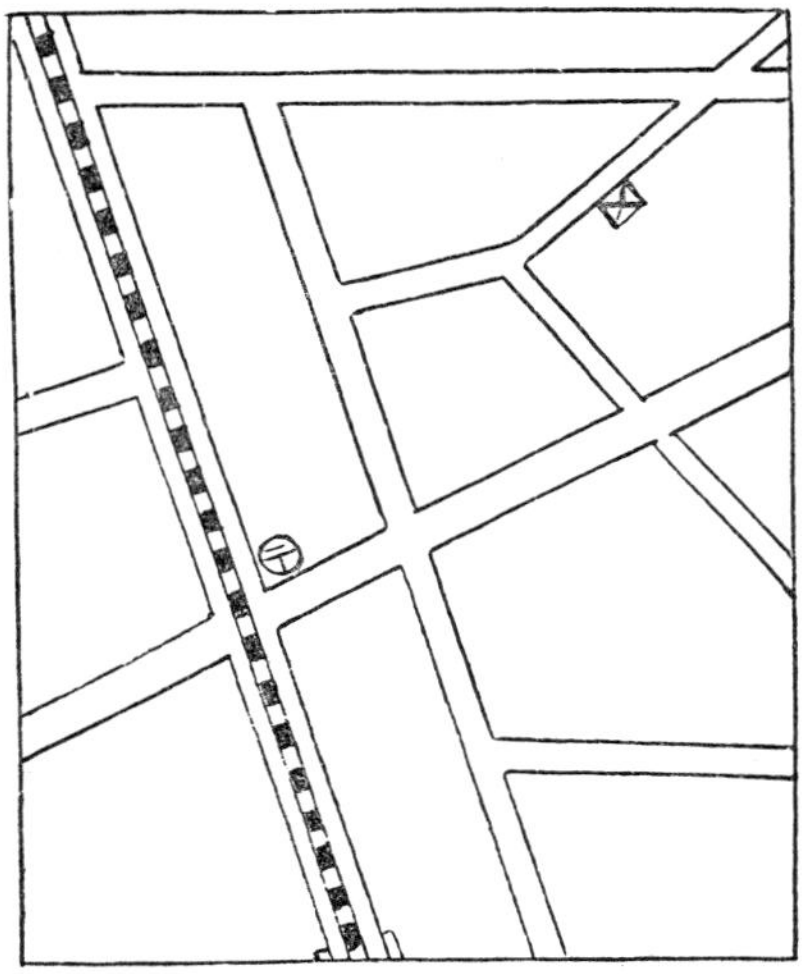

山口「電車通りにそって五六十メートル（二三十間）行くと、右がわにポストがあって、ななめにはいる道がありますから、そこを右へ行って二番目のろじを左へおれ、つきあたってまた右へおれ、十二三メートル行くと右がわに、れんがのへいのある赤いやねの洋館《かん》があります。田村さんのお宅はその一けんおいてとなりのいたべいの二階《かい》家です。」

中山「なかなかめんどうですね。二番目のろじを左へ行って右へ行っ

先

着
共

て十二三メートル先ですね。」
山口「そうです。なあに、あのへんで田村さんと言って聞けばすぐわかりますよ」
中山「どうもありがとうございました。では、またあすの晩。」
山口「お待ちしております。さよなら。」

## だい六か　おり物

着る物と食べる物と住む所の三つは、私共にとってたいそうたいせつなもので、一日もなくてはなりません。

着る物はたいていおり物でこしらえます。しかし、

糸(絲)　寸

シャツやくつ下などはたいていあみ物です。

おり物には、きぬおり物、毛おり物、もめんおり物、あさおり物などがあります。きぬおり物は、かいこのまゆから取ったきぬ糸をおってこしらえた物で、ねだんの高い着物や、はおり、はかま、おびなどは多くきぬおり物です。

かいこは小さい虫で、はじめは三ミリ(やく一分)ぐらいですが、大きくなると六センチ(やく二寸ぐらい)になります。そして白や、き色のまゆ

羊毛

草

をつくりますが、そのまゆから糸を取るのです。日本ではほとんど全《ぜん》国いたる所でかいこをかいます。

毛おり物はサージ（セル）、ウーステッド、カシミヤなどのように、毛糸をおった物です。洋服《ふく》にはたいていこれを使います。毛おり物には羊毛を一番多く使いますが、らくだや、うさぎなど、外の動物の毛も使います。

もめん糸は、わたからこしらえた物ですが、これでおったのがもめんおり物で、あさ糸でおったのがあさおり物です。どちらも草から取った糸です。

この外に「人けん」とか「かせん」とかいうおり物があります。人けんはレーヨンともいって、パルプから

着

上流

こしらえた糸でおったものです。見たところはつやがあってきれいですが、水によわいのがけってんです。ですから、あまりよごれない、したがってあまりせんたくのいらないカーテンなどにてきとうです。しかし、このごろはいろいろの新しいかせんの糸がつくられるようになって、色もきれいですし、水にも強いし、ひじょうにじょうぶなので、洋服《ふく》や着物やワイシャツやくつ下など、なんにでもこれを使うようになりました。

日本人は、むかしはふだん着にはたいがいもめんおり物を着ましたが、上流の人はいつもきぬおり物を着ました。今では洋服《ふく》を着る人が多くなったのでそんなちがいはありません。

着物にはひとえ物、あわせ、わた入れなどがあります。あわせにはうらがあり、わた入れにはおもてとうらの間にわたがはいっています。

## だい七か　小包とかわせ

私はせんだって、小説《せつ》を一さつ買いました。たいへんおもしろかったので、友だちに送ってやりたいと思って、それを紙に包んでじょうぶなひもでよくゆわえました。それから友だちのあて名を表に書いて、うらに私の住所と名前を書きました。午後、散歩のついでにこうえんの近くのゆうびん局へよりました。

まず「小包」というふだのあるまどのところへ行っ

---

小

表

住散歩

局

書留

て、「これをねがいます。」と言いながら、小さい紙包みを出しました。かかりの人は、それを受け取って、はかりにかけました。

私が「いくらですか。」と聞くと、かかりの人は「書留ですか。」と言いましたから、「いいえ、ふつうでようございます。」と答えました。かかりの人は「ふつうなら五十五円です。」と言いましたから、百円さつを出すと四十五円のおつりをくれました。

私は「それじゃ、おねがいします。」と言って、今度は「かわせ」と書いてある所へ行き、「七百五十円のかわせをねがいます。」と言って千円さつを出すと、かかりの人はだまって受け取りました。

しばらく待っていると、かかりの人は、七百五十円というはんをおしたかわせを私の方へ出しながら、「かわせ料四十円、二百十円のおつりです。」と言いました。私はそれを受け取って、ふうとうに入れてふうをしました。

それから、「書留」と書いてある所へ行って、「これを書留にねがいます。」と言いながら五十円をふうとうにのせて出すと、かかりの人はそれをはかりにかけてみて、「この手紙は少し重すぎますから、六十円いります。」と言いましたので、もう十円出しました。少し待つと、かかりの人が受取をくれたので、それをもらって家へ帰りました。

ふつう小包料は市内《ない》なら二キログラム（五百三十三もんめ）までは五十円で、書留にすると九十円です。一キログラムは二ポンド五分の一にあたります。

かわせには、ふつうかわせと電信《しん》かわせとの二いろあります。かわせ料は千円まで三十円、三千円まで四十円、五千円まで五十円、一万円まで六十五円です。

## だい八か　もも太郎

むかしむかし、ある所におじいさんとおばあさんがありました。子供がないので二人でさびしくくらしていました。ある日、おじいさんは山へしばかりに、おばあさんは川へせんたくに行きました。

上
流

おばあさんが川でせんたくをしていますと、川上から大きなももが流れて来ました。おばあさんはそのももをひろって家へ帰りました。

おじいさんが夕方うちへ帰ってから、おばあさんがももを切ろうとしますと、ももが二つにわれて、中から大きな男の子が生まれました。

おじいさんとおばあさんはたいそうよろこんで、その子にもも太郎という名をつけて大事にそだてました。もも太郎はだんだん大きくなって、たいそう強くなりました。

ちょうどそのころ、おにが島から時々おにが来て、人をころしたり、物をぬすんだりして、人々は、金持ち

## 犬

もびんぼう人もおとなも子供もみんな困っていました。
そこでもも太郎はおにをせいばつしようと思って、おじいさんとおばあさんに話しますと、二人はたいそうよろこんで、おばあさんはきびだんごをこしらえてやりました。
　もも太郎がさっそくしたくをして、少し行くと、犬が来て、
犬「もも太郎さん、もも太郎さん、あなたはどこへおいでになりますか。」
もも太郎「おにが島へせいばつに。」
犬「おこしの物はなんですか。」
もも太郎「日本一のきびだんご。」

供

家

安心

門

---

犬「一つください、お供をします。」

もも太郎「そんならやるからついておいで。」

もも太郎が犬をつれて少し行くと、さるときじが来ました。そしておいしいだんごをもらって家来になりました。

おにたちはもも太郎が来たのを見ておどろいて、「あれはもも太郎にちがいない。もも太郎は強いから安心できない。」と言って鉄の門をしめてしまいました。そして大ぜいあつまって出口や入り口をまもっています。

もも太郎は、門の中へはいることができないので、困っていますと、きじがとびこんで中から門をあけましたので、もも太郎と家来は門の中へはいりました。

刀

おにたちがびっくりしていますと、きじはつっつきまわり、さるはひっかきまわり、犬はかみつきまわります。もも太郎は刀をぬいて大きいおににむかいました。

おにたちは、いっしょうけんめいたたかいましたけれども、とてもかないませんので、とうとうこうさんして、大事なたから物を出

報

作文習

読下

して、ゆるしてくださいとねがいました。そして、もうこれからは、けっして悪いことをしないと言ってあやまりましたので、もも太郎はゆるしてやりました。

おじいさんとおばあさんはもも太郎のるすの間、ずいぶん心配《ぱい》しましたけれども、もも太郎がめずらしいみやげをどっさり車につんで、ぶじに帰って来たので安心しました。

## だい九か　電報

ある日、私が家で作文の練《れん》習をすませ、読本を読んでいるところへ、下村さんがたずねていらっしゃいました。

通

私「よくいらっしゃいました。さあ、どうぞお上がりください。」

下村「おじゃまじゃありませんか。ちょっと、そのへんまで参りましたから。」

私「そうですか。ただ今、ちょうど勉強をおわったところですから、どうぞごゆっくり。」

するとその時、表で「電報」と言うこえがしましたから、げんかんへ出て行くと、電報はいたつは私に一通の電報をわたしました。

一八ヒアサハコネユカヌカヘンマツヤマクチ

私は二度ばかり読んでみましたが、そのいみがはっきりわかりませんでしたから、下村さんにこの電報を

見せて、
私「これはどういういみですか。」
下村「ちょっとはいけん。これは山口さんという人から十八日の朝箱根《はこね》へ行かないか返事を待っているというういみです。」
私「どうしてそんないみになりますか。」
下村「『一八ヒ』というのは十八日です。『ジユウハチニチ』と書くと八字になるからこうしたのです。」
私「えーと、ジユウハチニチは七字でしょうが。」
下村「いや、電報ではにごりの字は二字にかんじょうすることになっています。」
私「『ユカヌカ』はなんというういみですか。」

下村「『ヌ』は『ない』と同じいみですから、『行かないか』です。ていねいな言葉じゃありませんが、言葉をみじかくするために、『おいでになりませんか』というような敬語《けい》を使わないのです。それから『ヘンマツ』というのは『返事を待つ』のりゃくしたかたちです。」

私「山口さんはどうして『ヤマグチ』と書かないのですか。」

下村「ヤマグチと書くとぜんたいで二十一字になって、電報料が高くなるからです。」

私「電報料はいくらですか。」

下村「和文電報ははじめの十字までを一音信といって

加



市内《ない》なら三十円です。それからは五字までが一音信で、一音信を加えるごとに十円ずつますのです。この電報は二十字ですから三音信です。しかし、このごろは音信という言葉はあまり使われないようです。」

私「あて名はどうしますか。」

下村「あて名はかんじょうしません。」

私「欧《おう》文電報でもですか。」

下村「欧《おう》文電報はあて名も入れて、はじめの五語が六十円、それからは一語をますごとに十円を加えます、しかし、欧《おう》文電報は大きい局でないと取りあつかいません。」

私「この電報には日づけがありませんから、いつうっ

たのかわかりませんね。」

下村「いいえ、けしいんの日と同じ日にうった時には書き入れません。」

私「そうですか。どうもありがとうございました。それじゃ、山口さんに返事を出したいですから、少し手つだってくださいませんか。」

下村「よろしゅうございますとも。しかし、練《れん》習のためひとつ御自分で作ってごらんなさい。」

私「そうですね。じゃ、ひとつやってみましょう。」

私は少しかんがえて次のように書きました。

シヨウチシタ一八ヒアサ八ジ三〇フンニシンシンバ
シエキデアウブラウン

これを下村さんにお見せすると、

下村「けっこうですが、ハジ三〇フンニのニはこの場合いりません。こうしたらいかがですか。」

そう言いながら、下村さんはなおした文しょうを私に見せました。

シヨウチシタ一八ヒアサ八三〇シンバシエキデ
アウブラウン

私「なるほどね。そしてそれはいくらかかりますか。」

下村「三十字ですから七十円です。」

私「では、すぐ女中をうたせにやりましょう。」

下村「なんなら、帰りがけに私がうってあげましょう。」

私「そうですか。それじゃごめんどうですが、おねが

世界
陸
太
西

いいたします。」

下村さんはそれから少したってお帰りになりました。

## だい十か　世　界

私共の住んでいる地球《きゅう》はまるくて、その外がわは海と陸とになっています。海のひろさは、陸のひろさのざっと三倍です。

世界の海はこれを五つに分けます。そのうち、太平洋はアジア大陸と南北アメリカの間にあるひじょうにひろい海で、大西洋は南北アメリカとヨーロッパ、アフリカ大陸との間にはさまれている海です。インド洋はイ

国

ンドの南にある海で、アフリカとオーストラリアにはさまれています。この外に、南と北にそれぞれひろい海がありますが、ほとんどいつも雪やこおりがあります。海はきしに近い所はあさいけれども、おきはふかくて、ふかさがなんマイルもある所がたくさんあります。

世界は六大陸に分かれていますが、その中には大きな国や小さな国がたくさんあります、また強い国もあればよわい国もあります。そのうち、米国とイギリス、フランス、ソビエット、中国を世界の五大強国といっています。

米国は北アメリカにあるひろい国で、その北にはカナダがあります。どちらでも英語を使いますが、米国

国

海
島

共

---

の南にあるメキシコではスペイン語を使います。

イギリスは大西洋にある島国で、その南にフランスがあります。

イタリーは地中海にあるほそ長い半島国で、地中海はヨーロッパとアフリカの間にあるせまい海です。ソビエットはアジアとヨーロッパにまたがったひじょうに大きな国で、北の方にありますから大部《ぶ》分はさむいです。

中国はアジア大陸の一部《ぶ》で、日本のやく三十倍もある大きい国です。しなとよぶ人もありますが、中国人はこの名前がきらいだそうです。今はたいわんの中か、みん国と大陸の中共に分かれています。

口　大

風

日本は太平洋にある島国で、その北にあるシベリアとの間に日本海があり、日本海の西にはちょうせんがあります。以前から人口が多く、その上世界大戦《せん》でまけて、たいわんやからふとなどの領《りょう》地をなくしたので、せまい所にたくさんの人が住まなければならなくなって困りました。しかし国民《みん》は割《わり》合にきんべんで、あまりなまけずに働きましたから、今では、かなりよくなってきたと思われます。

しゅふの東京は世界でも一番大きい市で、西洋風のたて物がたくさんあります。しかし、地震《しん》が多いから、あまり高いたて物をたてることはできません。

入　多

# だい十一かつゆ

カレンダーを見ると、六月十二日入梅《ばい》とあります。これは、この日からつゆにはいるということです。

入梅《ばい》は毎年六月十一日か十二日です。年によって多少早いおそいのちががありますが、このころから天気が悪くなって、雨のふる日が多くなります。雨のふらない日でもたいていくもりがちで、いい天気の日はごくわずかです。もっとも、雨がふるといっても、大雨がザーザーふるというのではありません。ふったりやんだりして、天気がさだまらないというだけです。雨のふるりょうだけからいえば、九月のほうがもっと

空｜
生｜
実（實）
黄（黃）雨｜

---

多いのです。

空気の中のしっけが多いので、げたばこのくつやげたにかびが生え、着物なども、たんすに入れておかないと、しめっぽくなります。日によって、少しむしあつくかんじることもあります。あせがすぐかわきませんから、べとべとして気持ちがよくありません。

このような日がだいたい七月のはじめごろまでつづきますが、この間を「つゆ」といい、この雨を「さみだれ」というのです。草や木、その外すべてのものからつゆがたれるので、そういうのです。ちょうどうめの実がじゅくして黄色になるころなので、「梅《ばい》雨」ともいいます。「ばい」というのは「うめ」のことで「う」とい

意味

少

松

---

うのは雨のことですから、うめの雨という意味です。この雨は百しょうにとってはちょうど田うえ時なのでひじょうにたいせつなものです。年によっては雨の少ないこともあります。これを「からつゆ」といいますが、その時には百しょうは田うえをするのに水が足りませんのでたいそう困ります。

## だい十二か　ほうもん

山田さんは用事があって松本さんをほうもんしました。げんかんのベルをおして、少し待っていると、女中が出て来ました。

山田「御主人はお宅ですか。」

様(樣)

申

---

女中「はい、いらっしゃいます。どなた様でいらっしゃいますか。」

山田「山田と申します。」

山田さんはめいし入れからめいしを出して女中にわたしました。女中はそれを受け取って、

女中「少々お待ちくださいませ。」

×　×　×　×

女中「山田さんとおっしゃるおかたがおいでになりまして、だんな様にお目にかかりたいとおっしゃいます。」

松本「客間へお通しして………。すぐお目にかかるから。」

女中「はい、かしこまりました。」

×　×　×　×

女中「どうもお待たせいたしました。どうぞお上がりくださいませ。」

山田「それではごめんください。」

女中「どうぞこちらへ。」

女中は山田さんを客間へあんないして、ざぶとんをすすめました。二三分待つと松本さんが出て来て、

松本「しばらくでした。よくいらっしゃいました。」

山田「まことにごぶさたいたしました。」

松本「どういたしまして、私こそ……。さあ、どうぞおしきください。」

変（變）

家内

山田「みなさんお変わりもございませんか。」
松本「ありがとうございます。おかげさまで、みんなたっしゃです。お宅では……。」
山田「ありがとうございます。家内が二三日病気で休んでおりますが、子供たちはみんな元気です。」
松本「そうですか。おくさんの御病気のことはちっとも存じませんでしたが、それはいけませんね。どうなさったのですか。」
山田「なあに、ちょっとかぜをひいたのですから、たいしたことはないだろうと思います。」
松本「このごろは天気が変わりやすいから、かぜがなかなかはやりますね。」

その時女中がお茶とお菓子《か》を持って来ました。

松本「さあ、いかがですか。ひとつお取りください。」

山田「ありがとうございます。」

それから山田さんは松本さんと用事について話しました。用事がすんでから、

山田「どうもとんだ長居をいたしました。もうおいとまいたしましょう。」

松本「まあよろしいでしょう。どうぞごゆっくり。」

山田「ありがとうございますが、ちょっと外にまわる所がございますので。」

松本「そうですか。それではまたどうぞおいでください。」

山田「ありがとうございます。またおじゃまにうかがいます。」
松本「せっかくおいでくださいましたのに、なんのおかまいもいたしませんで、失礼いたしました。」
山田「どういたしまして。おいそがしいところをたいへんおじゃまいたしました。」
松本「どういたしまして。どうぞおくさんによろしく。お大事に。」
山田「ありがとうございます。ではごめんください。」
松本「さようなら。」
山田「さようなら。」

利

足

計

一人

# だい十三か　利口な子供

## 一

むかしある所へ大きなぞうをつれて来た人がありました。人々はまだぞうを見たことがありませんでしたので、ぞうのまわりにあつまっていろいろと話し合いました。ぞうの高さや足の太さなどはすぐわかりましたけれども、重さはどのくらいあるかわかりません。人々のかんがえがまちまちです。しかしどうしても目方を計るくふうがつきませんでした。

その時一人の子供が「私が計ってみましょう。」と言い出しました。人々はおとなにさえわからないのに子

横（橫）

石

供にわかるはずがないと思いましたけれども、とにかくやらせてみることにしました。

子供はまずぞうを船にのせて船の横の水ぎわにしるしをつけました。それからぞうをおろして、今度は石をたくさんつみました。そうして船が前にしるしをつけた所までしずんだ時にその石をおろして、なん度にも分けてはかりにかけましたので、ぞうの目方がわかりました。

二

むかしある家の前に大きな水がめがあって、そのそばで大ぜいの子供があそんでいました。そのうちに水がめのふちに上がった一人が足をふみはずして、かめ

飯(飯)
橋

の中へおちました。

みんながびっくりして、どうしてよいかわからないでさわいでいるうちに、一人の子供が大きな石を持って来て、水がめになげつけました。

石が水がめにあたって、水がめがこわれ、大きなあながあいて、水がどっと流れ出ましたから、中の子供はぶじにたすかりました。

## だい十四か　ひる飯にまねく

中村さんが橋本さんをひる飯にまねこうと思いました。

中村「あさってのおひるに御飯をさし上げたいと存じ

着

ますが、おさしつかえがなければ、どうぞいらしってくださいませんか。」

橋本「さようでございますか。それはありがとうございます。おうかがいいたします。」

やくそくの日に、橋本さんが出かけようとした時、ちょうど電話がかかってきて、電話口へ出たため、十分ばかりおくれて中村さんのお宅に着きました。

橋本「どうもおそくなってあいすみません。出がけに電話があって貸《かし》家があるということでしたので…。」

中村「そうですか。おひっこしでもなさるおかんがえですか。」

橋本「ええ、今の家は少しせますぎるので、てきとう

三

道

便

駅（驛）

都（都）

---

なのが見つかったら、ひっこししたいと思っております。」

中村「そうですか。お話の貸《かし》家は大きいのですか。」

橋本「二階《かい》に二間、下に三間ですから、あまり大きいとも言われませんが、私にはちょうどよさそうです。ガス、水道つきでふろ場もあるそうです。」

中村「便利そうですね。交《こう》通の便はいかがですか。」

橋本「国電のお茶の水駅から五六分、都電には十分ぐらいだそうですから、交《こう》通の便は悪くはなさそうです。」

中村「それはいいですね。そんな家で家賃《ちん》はどのくらいするのですか。」

友



橋本「ぞうさくつきで、一か月一万円。敷《しき》金三か月分だそうです。友人の話ではこれより少しはまかりそうですが、八千五百円にはなりそうもないということです。」

中村「このごろとしてはけっこうじゃありませんか。」

橋本「電話で知らせてくれた友人が行ってみてくれたのですが、かぎがかかっていて中が見られなかったそうですから、はっきりわかりませんが、話だけではよさそうです。」

中村「いや上々ですよ。」

こんな話をしているうちに御飯が出ました。

おくさん「何もございませんが、どうぞごゆっくりめ

し上がってくださいませ。」
中村「さあ、どうぞ。」
橋本「ありがとうございます。ちょうだいいたします。」
橋本さんが御飯を一ぱい食べおわると、きゅうじをしていた中村さんのおくさんは、
おくさん「おかえいたしましょう。」
橋本「ありがとうございます。いただきます。」
橋本さんが二はい目の御飯を食べおわると、
おくさん「おかえいたしましょう。」
橋本「どうぞ、かるくいただきます。」
橋本さんが三ばい目を食べおわった時、
おくさん「もう少しいかがですか。何もございません

十分

会



が、どうぞたくさんめし上がってくださいまし。」
橋本「ありがとうございます。もう十分ちょうだいいたしました。」
それからお茶が出て、御飯がすみました。
橋本「どうもごちそう様でございました。」
おくさん「いいえ、どういたしまして。おそまつ様でございました。」

× × × ×

五六日たってから橋本さんは中村さんに途《と》中で会いました。
橋本「先日はどうもごちそう様でございました。」
中村「いいえ、どういたしまして。せっかくおいでく

時計

君

---

ださいましたのに、なんのおかまいもいたしませんで、失礼いたしました。」

## だい十五か　三人の時計

甲《こう》乙《おつ》丙《へい》の三人のものが、ある所へ行こうと思って、その時間をそうだんしました。

「一時半の汽車にしよう。」と甲《こう》が言いました。

「よろしい。しかし今はなん時だろう。」と乙《おつ》が言いました。

「一時十分前だ。」と自分の時計を出してみて、丙《へい》が言いました。

「君の時計は合っているのか。」と乙《おつ》が聞きました。

正

報

当(當)



「ああ、ぼくの時計は正しい。時報に合わせたのだから。」と丙《へい》が答えました。

「いつ合わせたのだ。」と甲《こう》が聞きました。

「三日前だ。」と丙《へい》が答えました。

「でも、君の時計がおくれるたちなら、君の時計はもう正しくはないだろう。」と乙《おつ》が言いました。

「そんなことはない。ぼくはぼくの時計を信じる。」

丙《へい》はまたきっぱりこう答えたあとで甲《こう》に聞きました。

「君の時計はなん時だ。」

「十分すぎだ。」

「ずいぶんすすんでいるね。」と丙《へい》がわらいました。

「ああ、ぼくの時計は当てにならない。」と甲《こう》が言いま

した。

「でも、君は君の時計をいつ時報に合わせたのだ。」と乙《おつ》が甲《こう》に聞きました。

「きのうだ。」と甲《こう》が答えました。

「きのう？　では三日前に時報に合わせた丙《へい》の時計よりは当てになるかもしれないじゃないか。」

「うん。しかし、ぼくはぼくの時計が信じられない。なんだかちがっていそうな気がする。」と甲《こう》がうつむいて答えました。

「そんな当てにならない時計を持っていてもしかたがないじゃないか。」と丙《へい》が言いました。「ぼくの時計に合わせたまえ。」

「君の時計が合っているんなら、君の時計に合わせよう。」甲《こう》はこう言って自分の時計を丙《へい》の時計に合わせました。

「君の時計はなん時だい。」丙《へい》はまた乙《おつ》に聞きました。

「かっきり一時だ。」

「いつ時報に合わせたのだ。」

「おとといだ。」と乙《おつ》が答えました。

「やはりすすむたちだね。」

「いいや、ぼくの時計はどっちかというと少しおくれるたちなのだ。だからたぶん今は一時五分すぎぐらいだろう。」と乙《おつ》が言いました。

「そんなことがあるものか。それはちがっているよ。」

急

と丙《へい》がわらって言いました。

「うん、少しはちがっているかもしれない。だが、たいしたちがいはないはずだ。ここから駅まで行くにはどのぐらいかかるだろう。」

「どんなにゆっくり歩いても二十分あれば十分だ。だから、急がなくてもいい。」と丙《へい》が言いました。

「しかし、今が一時五分すぎとすればあと二十五分しかないのだから、ぼくは一足先に出かけるよ。じゃ、駅で会おう。」乙《おつ》はこう言って出て行きました。

「せっかちなやつだなあ。」「気の早い男だねえ。」丙《へい》と甲《こう》とはこう言ってわらいました。

しかし、それからしばらくたって、甲《こう》と丙《へい》とが駅へ

行った時、乙《おつ》は二人に言いました。

「汽車はもう出てしまった。ぼくは間に合ったのだが君たちを待っていたのだ。」

甲《こう》と丙《へい》とはおどろいてかおを見合わせました。

「それではぼくの時計はちがっていたのかな。」と丙《へい》はかおを赤くして言いました。

「そうだ。君の時計は二十分おくれていたんだ。ぼくのは十分おくれていた。甲《こう》の時計が合っていたんだ。」

「そうかなあ。」と甲《こう》がぼんやりして言いました。

「してみると、君が一番利口だった訳だね。」

「そうだね。自分を知っているものが一番利口だよ。時計は信じるためにあるのだからね。信じなければな

んの役にもたちはしないよ。まちがった時計を持っていて、それを信じるのはもちろん悪いが、またどんな正しい時計を持っていても、それを信じなければ、まちがった時計を持っているのと同じことだ。また何も持たないのと同じことだ。まちがった時計を信じるものも、正しい時計を信じないものも、どっちも汽車にのることができない。両方ともばかだからね。自分を知って、信じるねうちのあるものだけを信じるものだけが、汽車にのることができるのだね。」乙《おつ》はこう言いました。

## だい十六か　しんさつ

気　理　熱　夜

田村さんは二三日前からかぜをひいて、せきが出たり寒《さむ》気がしたりして、くるしかったので、外へ出ずにおりましたが、やむをえない用事がおこったので、がまんして出かけました。一二時間のつもりで出かけたのに、思ったより仕事に手間をとって、とうとう夕飯までに家へ帰ることができず、途《と》中のある料理屋でかるい食事をしました。

家へ帰ると、のどがいたくてたまりません。熱もかなりありましたから、くすりをのんで、すぐにとこにはいりました。ところが、夜中におなかがいたくなって、朝になってもなおりませんから、女中に高山さんといういしゃをむかえに行かせました。

高山「どうなすったんですか。」

田村「二三日前からかぜをひいて家に居たのですが、昨《さく》日の午後、急用で出かけて、途《と》中で夕飯を食べて帰ったところが、ずつうがして熱があったものですからすぐねたんですが、夜中におなかがいたみ出して、昨《さく》晩ちっともねむれなかったんです。」

高山「ははあ、ちょっとおみゃくをはいけんいたしましょう。」

高山さんは時計を見ながら、田村さんの手くびをおさえてみゃくをみました。また、体温《おん》計で体の温《おん》度を計ってみると、三十八度五分ありました。

高山「ちょっと口をあいて、したを出してください。」

無　　回

おなかはまだいたいですか。」
田村「けさよりいくらかよくなりましたが、まだいたいです。」
高山さんは田村さんのむねやおなかをしんさつして、
高山「のどがだいぶはれています。くすりをつけましょう。かぜですね。おなかのほうもたいしたことはありませんから、御心配《ばい》はいりません。しかし、無理をしてはいけませんから一両日はお大事になさい。くすりをさし上げますから、あとでどなたか取りによこしてください。水ぐすりは食前三十分、こなぐすりは食後三十分、一日三回のんでください。こなぐすりのほうはにがいから、オブラートに包むか、

キャプセルに入れて上がったほうがいいでしょう。さもなければ、のんだあとで、何かあまい物を少し上がってもさしつかえありません。それから、食べ物はなんでもいいですが、二三日はあまりかたい物を食べずに、おかゆとか半じゅくのたまごとかのようなやわらかい物を上がるようになさい。」

田村「いろいろどうもありがとうございました。」

高山さんが帰ってから、少したって、田村さんは女中を高山さんのお宅へ使いにやって、くすりを取って来させました。

## だい十七か　日本三景《けい》

天立　島　散　見

# だい十七か　日本三景

日本の国にはけしきのよい所がたくさんありますが、松島、天の橋立、宮島の三つをむかしから日本三景《けい》と申します。

松島は大小二三百の島が海上十五六キロの間に散らばっていて、島という島には、えだぶりのよい松がしげっています。近所の高い所からもながめますが、多くは船にのって島の間を通って見物します。はれた日、月の夜、雪の朝、いつ見てもよいけしきです。

土

北

神（神）

社（社）社

後

---

天の橋立は海の中へつき出たほそ長い土地で、長さは二キロぐらい、はばは五十メートルから百メートルぐらい、その土地の白いすなの上に青い松が一めんに生えていて、ちょうど長い橋のように見えます。

宮島はまわりが二十七八キロもある島で、島の山には、しかがたくさん住んでいます。島の東北にいつく島神社があります。赤くぬった社がみどりの山を後ろにしてたいそうきれいに見えます。ことに、しおのみちた時は、社やまわりろうかが海の中にういて、そのようです。社の前の海に日本一の大鳥居があります。

# だい十八か　病気みまい

角　院

一

山中さんはこの間牛山さんに会った時、角田さんという友だちのおくさんが病気で入院しているということを聞きました。そこでみまいに行きたいと思っているうちに、買物の途中で角田さんに会いました。

山中「先日牛山さんからうけたまわりますと、おくさんが御病気だそうですが、いかがでございますか。」

角田「ありがとうございます。おかげさまで少しはいいほうでございます。」

山中「どうなさったんですか。」

角田「かぜをひいたのに少し無理をしたものですからはいえんをおこしましたんです。それで、家では手

橋

様子

当てもよくできかねますので、先月のすえに日本橋の東洋病院に入院させました。」

山中「さようでございましたか。それは御心配《ばい》ですね。ちっとも存じませんでおみまいにも上がらず、失礼いたしました。」

角田「どういたしまして。おいそがしいお体ですから、そんな御心配《ばい》はけっしてなさらないようにおねがいいたします。」

山中「お熱は高いのですか。」

角田「熱がどうしても下がらなかったので一時どうかと思いましたが、きのうあたりの様子では少しはいいようです。」

山中「それはけっこうですね。めし上がり物などはいかがでございますか。」

角田「食よくがあまりありませんので、少し心配《ぱい》しております。」

山中「それはいけませんね。きっと熱のためでしょうね。おいしゃさんはなんとおっしゃっていますか。」

角田「ふだんじょうぶですから、たいてい心配《ぱい》はあるまいと言っています。」

山中「早くおなおりになるといいですね。いずれおみまいに上がりたいと思っておりますが、どうぞおくさんによろしく申し上げてくださいまし。」

角田「ありがとうございます。申しつたえます。」

山中「また何かお手つだいすることがありましたら、ごえんりょなくおっしゃってください。」
角田「ありがとうございます。」

二

山中さんは、すぐみまいに行っては、かえってめいわくと思って、五六日たってから病院へ行くことに決めました。

山中「先日、途《と》中で御主人にお目にかかった時に、御入院なさっていらっしゃることをうけたまわりまして上がりましたが、いかがでいらっしゃいますか。」

おくさん「ありがとうございます。おかげ様で日ましによくなって参りますから、遠からず退《たい》院できるこ

と存じます。」
山中「それはけっこうでございます。めし上がり物などはいかがでございますか。」
おくさん「昨日《さく》あたりからよほどすすむようになりました。一時熱が高うございましたので、たいへんつかれましたが、もう元気も出て参りましたから、間もなくおきられることと存じます。」
山中「では、じきごぜんかいになりましょう。これはまことにそまつなものでございますが、ほんのおしるしまでに。」
おくさん「そんな御心配《ばい》までしていただいてはほんとにおそれ入ります。どうもありがとうございます。」

服注文

馬

内

山中「いいえ、どういたしまして。それでは、これでおいとまいたします。どうぞお大事に。」

おくさん「さようでございますか。おいそがしいところをわざわざおみまいくださいまして、ありがとうございました。」

## だい十九か　洋服の注文

ある日馬場さんが家に居るとだれかたずねて来ました。

洋服屋「今日は。ごめんくださいまし。」

馬場「何か御用ですか。」

洋服屋「私は横浜《はま》の高島屋と申す洋服屋でございますが、内田さんのごしょうかいでおうかがいいたしま

着

遠

したんですが。」
馬場「そうですか。ちょうどいいところでした。一着こしらえてもらいたいものがありますから。」
洋服屋「さようでございますか。見本もいろいろ持って参りましたから、どうぞごらんくださいまし。」
馬場「すみませんがね、今ちょっと用事がありますので、しばらくあっちのへやで待っていてくださいませんか。」
洋服屋「かしこまりました。」

× × × ×

馬場「お待ち遠様でした。」
洋服屋「どういたしまして。お服はどんなのがよろしゅ

上

うございますか。」

馬場「ふだん着の冬《ふゆ》服が一着ほしいんです。」

洋服屋「さようですか。色はどんなのがよろしゅうございましょう。黒、こん、茶、その外いろいろございますが……。ひとつ見本をごらんくださいまし。」

洋服屋はかばんから見本を出してならべました。

馬場「このしまのはいっているこんでこしらえると、いくらですか。」

洋服屋「そちらは上着、チョッキ、ズボンの三ツ組《くみ》で三万五千円でございますが、このごろはチョッキをお作りにならないかたが多うございます。」

馬場「ずいぶん高いんですね。三万円ぐらいにまかり

生

ませんか。」

洋服屋「どういたしまして。その生地はみんな英国せいの上等でございますので、そうお安くはできません。しかし内田さんのごしょうかいもあることですから、とくべつに勉強いたしまして、三万三千円にいたしておきましょう。」

馬場「この茶はあんまりはですぎますが、もう少し地味なのはありませんか。黒かねずか何か。」

洋服屋「このきれではいかがでございますか。このほうですと二万五千円ならおねがいできます。品もいいし、がらは上品ですし、十分おすすめできます。」

馬場「ふだん着ですから、そっちよりこっちのほうが

よさそうですね。」

洋服屋「かたはどんなのになさいますか。これが最《さい》近のロンドンの流行でございます。えりのかっこうが昨《さく》年と少しちがっておりますだけで、外はあまり変わっておりません。」

馬場「私のはこのかたにしてくださいませんか。それからこれは少し急ぐんですが、いつごろでき上がりますか。」

洋服屋「さようでございますね、外にも急ぎの御注文が二つ三つございますので、来週いっぱいはちょっと無理かと思いますが、さ来週ならまちがいなくでき上がりますがいかがでございましょう。」

都　法

馬場「早ければ早いほど、私には都合がいいのですが、あまりかってなことも言えませんから、それでいいでしょう。」

洋服屋「それじゃ、寸法を取らせていただきます。ズボンの太さはどのぐらいにいたしましょうか。」

馬場「ふつうにしておいてください。」

洋服屋はまき尺を出して寸法を取り、見本をかばんにしまいながら、

洋服屋「どうもありがとうございました。それでは、来週の木曜か金曜にかりぬいを持って上がりたいと存じますが、御都合はなん時ごろがよろしゅうございましょう。」

夜

馬場「木曜日の午前ちゅうは先約《やく》がありますから、木曜の午後二時すぎか金曜の午前ちゅうならいつでもけっこうです。」

洋服屋「さようですか。それでは、金曜の朝の十時半ごろかりぬいを持って上がります。どうもおじゃまいたしました。」

馬場「さようなら。」

## だい二十か　旅《りょ》館《かん》

私は先週の土曜日、京都からの夜行にのって、日曜日の朝早くここに着きました。一日じゅう方々を見物して、夕方近く上州屋という旅《りょ》館《かん》に着きました。上州

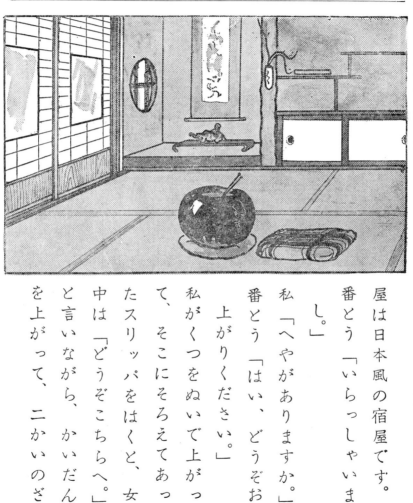

# 宿

だい二十か　旅館

屋は日本風の宿屋です。
番とう「いらっしゃいまし。」
私「へやがありますか。」
番とう「はい、どうぞお上がりください。」
私がくつをぬいで上がって、そこにそろえてあったスリッパをはくと、女中は「どうぞこちらへ。」と言いながら、かいだんを上がって、二かいのざ

台(臺)
火

しきへ私をあんないしました。そのざしきは、にわにめんした六じょうのへやで、なかなかしずかです。とこの間には山水のかけ物がかけてあり、台の上にはおき物があります。ざしきのまん中に火ばちがあり、そのわきに、ざぶとんが一まいしいてあります。
女中はお茶とお茶菓《が》子を持って来て、火ばちのわきにおいて、
女中「おとまりでございますか。」
私「ええ。」
女中「それではすぐおふろをおめしくださいまし。ただ今ゆかたを持って参ります。」
女中の持って来たゆかたに着かえて、手ぬぐいと、

せっけんを持ってふろ場に行き、ふろにはいってへやに帰ると、私の洋服は洋服かけにかけてあり、シャツはたたんでみだればこに入れてありました。

しばらくして女中が御飯をはこんで来ました。夕飯がすんで、女中のおいて行った夕かんを読んでいるところへ、番とうが宿ちょうを持ってはいって来ました。

番とう「今晩はどうもありがとうございます。さぞおつかれ様で……。どのくらいごとうりゅうでございますか。」

私「今晩だけです。」

番とう「さようでございますか。それではおそれ入りますがちょっとお所とお名前をうかがいとうござい

ます。」

番とうは私の住所、名前、年、しょくぎょうなどを書いてしまって、「おじゃまいたしました。どうぞ、ごゆっくり。」と言って出て行きました。

九時近くになると、女中がとこをのべに来ました。

私「明朝早い汽車で立ちたいんですが、二番の上りはなん時ですか。」

女中「さあ、七時なん分でしたかしら。ちょっと思い出せませんが。少々お待ちくださいまし。時間表を持って参りましょう。」

女中は時間表を持って来て、私にわたして、

女中「二番は七時二十八分でございますが、こちらか

らですと、電車が十五分おきぐらいに出ますから、電車でおいでになったほうがかえって便利でございましょう。」

私「そうですか。それじゃ汽車をよして電車にしようかしら。」

女中「そのほうがよろしゅうございましょう。汽車は駅ごとにとまりますからのろくて、その上、一時間おきにしか出ませんから、このごろではみなさんがたいてい電車でおいでになるらしゅうございます。」

私「そうでしょうね。それから、あすの朝は早いから、かんじょうをしておいてください。」

女中「はい、かしこまりました。」

生

無

# だい二十一か　火

人は時として生の物も食べますが、ふつうは火で物をにたり、やいたりして食べます。さむい時には火に当たったり、火でへやをあったためたりします。火が無ければ料理をすることも、ふろをわかすこともできません。人間は火を使う動物といわれているように、火を使うことのできるのは人間ばかりです。鳥やけものは火の使い方を知りません。

このように火は人間にとってごくひつようなものですが、時としてあぶないものです。気をつけないとやけどをします。また子供のいたずらやちょっとした不《ふ》

法　炭　炭　石

注意のために火事などをおこして、家をもしてしまうようなことがあります。

人間はさいしょどんな方法で火を作ったのでしょう。おそらく、かみなりがおちて木がもえたり、その外しぜんにおこった火から取ったのでしょう。

そのうちに人間は木と木をこすって火を出す方法をかんがえ出しました。それから少しすすむと、石と金をうち合わせて火を出すようになりました。今では、マッチという便利なものができています。

火ばちなどに入れる炭は木をやいてこしらえたものです。それですから木の炭すなわち木炭といいます。石炭は石の炭ということになりますが、石のようにか

土
力
代
重油
魚油

たくなっているのでそういうのです。大むかし生えていた植《しょく》物が土の中にうずまってできたものです。

石炭の火の力は木炭のよりもずっと強いので、汽車や汽船やその外いろいろのきかいを動かすにはおもにこれを使います。しかし、このごろでは石炭の代わりに重油を使うものがひじょうに多くなりました。

明かりには、はじめ魚やけものの油を使いましたが、あとでは植《しょく》物の油や、石油が使われるようになりました。石油やガソリンは、土地の中からわき出る油から取ったものです。わき出たままのはにごっていますがこれを仕上げると、しまいにはすき通った油になるのです。わき出たままの油から石油などを取ったのこり

原　社　学

が重油で、ほとんどまっ黒な油です。

## だい二十二か　ひしょ

七月のはじめのある日、前田さんと石原さんがある所で会いました。前田さんはある会社の社長で石原さんはある大学の先生です。

前田「だいぶおあつくなりましたね。」

石原「この二三日はことにあついようですね。ことしはどちらへおいでですか。」

前田「ことしは行くか行かないか、まだよく決まっていませんが、たぶんかるいざわへ行くことになりましょう。あなたは？」

野　船

石原「私は海にしようか、山にしようか、まだ決めておりませんが、もし山にすれば、たぶん野じりに行くことになりましょう。」

前田「近ごろはたくさんのかたが野じりへ行くようですね。私はまだ行ったことはありませんが、かるいざわとくらべて、どっちがいいでしょう。」

石原「さあ、すきずきでしょう。かるいざわは古いひしょ地で、東京からも三四時間しかかからないし、便利ですね。それに、かは居ないし、道はいいし、ゴルフやテニスをやりたい人にはりそうてきです。ですが、野じりにはみずうみがありますから、およいだり、船あそびをしたい人にはかるいざわよりいいで

しょう。それにぶっかはわりに安いし、しずかですし、ことに青物などのねだんはよほどちがうようです。しかし、せつびはかるいざわにくらべると、ずっとおとっていましょう。もう一つのけってんは、虫が多くて、あみどが無ければまどをあけっぱなしにできないことですね。」

前田「私は会社の用事がありますので、時々東京へ帰らなくてはなりませんから、どうしても東京から三四時間以内の所でないと行かれません。」

石原「そんなら、はこねかかるいざわ以外にはございませんね。家のお心当たりはおありですか。」

前田「実は家がまだ決まらないので、どうしようかと

心　実

思っているんです。先月いい家があったので、よろこんでいたところが、ちょっとのちがいで、外の人にかりられてしまったので、代わりをさがしているところです。友だちにたのんであるんですが、まだなんとも言ってこないんです。もし二三日うちになんとも言ってこないようでしたら、新聞にこうこくを出してみようと思っております。」

石原「そうですか。こないだ友人から聞いたところによると、まだあき家がかなりあるそうですから、気にいった家を見つけるのは訳はないでしょう。私の知り合いもあすこにおりますから、聞いてあげてもいいのですが、いったいどんな家がごきぼうなんで

葉

すか。」
前田「ことしは父や母は行こうか、行くまいかなどと言っていますから、おそらく私共だけ行くことになりましょう。私共だけなら、なるべく洋風の家で、二階《かい》にしんしつが一へや、もしくは二へやほしいのです。なつのことですから、へやさえあれば、どんな家でもけっこうです。」
石原「すると、ことしはぼっちゃんやおじょうさんはごいっしょではないんですか。」
前田「ええ、子供たちはことしはぜひ海へ行きたいと言って、葉山のしんるいのほうへ行くはずです。」
石原「そんならかえって旅館《りょかん》のほうがお安くつきませ

んか。家賃《ちん》の上に、せと物やなべかまの費用《ひ》を合わせると、かなり高いものにつくでしょうが。」

前田「それはそうですけれども、宿屋はどうもうるさくて……。費用《ひ》のことをかんがえると、少しばからしいようですけれども、いくら高くても家賃《ちん》などは知れていますし、やはり一けんかりるほうがいいように思われます。」

石原「それもそうですね。ではさっそく手紙を出して聞き合わせてみましょう。」

前田「ごめんどうをおかけして、どうもあいすみませんが、おねがいいたします。」

# だい二十三か　にげたらくだ

## 一　さばく

さばくの近くの道で、ある旅人が二人の商人《しょう》に出会いました。

旅人「あなたがたはたいそう心配《ぱい》らしい様子をしておいでだが、もしや、らくだをにがしたのではありませんか。」

二人「そうです、そうです。」

旅人「そのらくだはかた目ではありませんか。右の目がつぶれていましょう。」

二人「よく御存知ですね。まったくその通りです。」

旅（旅）

旅人「そうして左の足がびっこで、前ばが二三本ぬけていましょう。」
二人「それにちがいありません。どこでごらんになりましたか。」
旅人「そうして、つけていた荷《に》はむぎでしょう。」
二人「たしかにそうです。どこに居るか、どうぞ早くお教えねがいます。」
旅人「いや、私はそのらくだを見たのではありません。」
甲《こう》「えっ、でもそんなにくわしく御存知ではありませんか。」
乙《おつ》「それとも、だれかにお聞きになったのですか。」
旅人「いいえ、見たのでも、聞いたのでもありません。

変





そうぞうして言っただけです。」

二人はかおを見合わせて、

甲《こう》「おかしいね。見たのでなければ、そんなによく知っているはずはない。」

乙《おつ》「ほんとに変だぞ。こいつがどろぼうにちがいない。すぐにけいさつへ引っぱって行こう。」

旅人「じょうだんを言っちゃ困ります。私はほんとに知らないんですよ。」

甲《こう》、乙《おつ》「知らないなんてことがあるもんか。」

二人は無理に旅人をけいさつしょへ引っぱって行きました。

## 二　さいばん所

旅人はけいさつしょからさいばん所へまわされました。さいばん官は三人をよび出して、

さいばん官「いったいどういうことかくわしく申しなさい。」

甲《こう》「この男が私共のらくだをぬすんだのでございます。私共はむぎをつけたらくだを引いて、さばくの近くの道を通っていましたが、途《と》中で一休みしているうちにねむくなってきて、ついうとうとねむってしまいました。」

乙《おつ》「目がさめてみると、らくだが居ませんので、おどろいて方々さがして歩きました。その途《と》中でこの男

に出会いますと、むこうから、らくだににげられたのではないかと聞くのでございます。」

甲《こう》「そうして、そのらくだはかた目だろうの、びっこだろうの、はがぬけているだろうのと、いちいち見たように申すのでございます。」

乙《おつ》「その上、つけていた荷《に》物の品までちゃんと知っていました。」

甲《こう》、乙《おつ》「らくだをぬすんだのは、どうしてもこの男にちがいありません。」

さいばん官は旅人にむかって、

さいばん官「これ、お前にも言い分があるなら、かくさず言うがよい。」

旅人「私はこの人たちがらくだににげられたらしいので、気のどくに思って、ただしんせつに話しかけただけです。それをあべこべに、どろぼうだなんて、もっての外です。」

さいばん官「そんなら、どうして、そんなにこまかく知っているのか。」

旅人「私がさばくの近くの道を歩いていますと、らくだの足あとがつづいているのに、人の足あとが見えません。それでらくだがにげたのではないかと思ったのです。」

さいばん官「そのらくだがかた目だということはどうしてわかったか。」

食

旅人「道のかたがわの草ばかり食ってあったからです。」

さいばん官「それでは、びっこということはどうして知っている？」

旅人「かた方の足あとが一つおきにあさくなっているのでそう思いました。」

さいばん官「はのぬけているということはなぜわかったか。」

旅人「草を食ったあとを見ますと、かみ切れないで、のこっている葉があるので、そうかんがえました。」

さいばん官「なるほど、聞いてみればいちいちもっともだ。」

二人「もしもし、そんなら、荷物《にもつ》の品をどうして知っているのですか。」
旅人「それはなんでもありません。道ばたにむぎがこぼれていたからです。」
さいばん官「よしよし、よくわかった。たしかにお前がぬすんだのではない。もう帰ってよろしい。二人がうたがったのも無理ではないが、今聞いた通りだ。らくだもまだ遠くへはにげはすまい。早く行ってさがすがよかろう。」

## だい二十四か　散　歩

今週の水曜日の午後、私が家でぶらぶらしていると、

三島さんがたずねて来ました。

三島「今日は。ごめんください。」

私「よくおいでくださいました。さあ、どうぞお上がりください。」

三島「実にいいお天気ですね。」

三島「なんというういいお天気なんでしょう。こんな日に、家の中に居るのはおしいじゃありませんか。散歩においでになりませんか。」

私「ええ、お供いたしましょう。どこがいいでしょう。」

三島「青山の方へでも行ってみましょうか。」

私「私はどこでもかまいません。ちょっとお待ちください。しゃしんきを取って来ますから。どこかで

しゃしんをとりましょう。」

三島「あなたはしゃしんがおじょうずだそうですね。」

私「いや、どういたしまして。十四五の時にはじめて、二十ぐらいまではかなり熱心にやりましたが、あい変わらずまずいんですよ。」

三島「ごじょうだんでしょう。しゃしんじゃ、くろうとはだしだというわさですよ。」

私「そんなことがあるもんですか。まだまったくしろうとですよ。しゃしんは、やればやるほどむずかしいですからね。」

三島「そうですかね。私もぜひやってみたいと思っていたんですが、そんなにむずかしいものとは思って

教

いませんでした。」

私「いや、ただしゃしんをとるだけなら、そんなにむずかしいもんじゃありませんがね、ほんとうのいいしゃしんをとろうとすると、そうやさしいものじゃないというだけですよ。」

三島「それはそうでしょうとも。これから少し教えていただきたいものですね。」

私「お教えなんてするがらではありませんよ。」

三島「そうおっしゃらずに、教えてください。あなたのような先生なら安心して教われますから。」

私「そんなことはありませんよ。しかし私の知っていることならなんでもお手つだいします。それはそう

金|

とずいぶんあったかくなりましたね。もうさくらがさくでしょう。」

三島「新聞によると、上野公園《こうえん》のさくらはぼつぼつさきはじめたそうですね。」

私「そうですか。いそがしくてこの二三日新聞をろくろく見ないので気がつきませんでしたが、それじゃ上野はもうにぎやかでしょう。」

三島「いや、まだだろうと思いますが、もう三四日たつと、花見の人で歩けないくらいでしょう。」

私「そうでしょうね。私はあまりああいう所はすかないので、花見などにはほとんど行きませんが、友人にさそわれて去《きょ》年はじめて小金井《い》へ行ってみまし

た。」

三島「そうですか。私はまだ小金井《い》へは行ったことが無いのですが、きれいだそうですね。」

私「昨《さく》年は少しおそかったので、花がかなり散っていましたが、まんかいの時には、ずいぶんりっぱだろうと思います。」

私たちが話しながら区役所のかどまで来た時に、むこうから学生服を着た一人の青年が来ましたが、三島さんを見て、私たちの方へ近づいて来て、あいさつしました。

○「やあ、今日は。どちらへ。」

三島「ちょっと散歩に。君は……。」

---

区（區）

青

君」

○「大学のとしょかんにちょっと用事があって……。」

三島さんは私の方をむいて、

三島「友人の安川君をごしょうかいします。(安川さんに) このかたはスミスさんです。」

安川「はじめてお目にかかります。私は安川と申します。どうぞよろしく。」

私は手をのばして握《あく》手しながら、

私「スミスです。どうぞよろしく。」

安川「お名前はしじゅう三島君からうけたまわっておりました。」

私「大学のとしょかんへはこちらからおいでになるのですか。」

安川「一丁目から地下鉄で行くのが近道なんです。」
私「そうですか。」
一丁目のこうさてんへ来た時に、
安川「では、私はここで失礼いたします。」
私「そうですか。おひまがありましたら、どうぞおあそびにおいでください。」
安川「ありがとうございます。ぜひおうかがいいたします。さよなら。」
三島、私「さよなら。」
私たちは安川さんとわかれて、また散歩をつづけました。

白　兵

# だい二十五か　おうぎのまと

今から七百八十年ばかり前、げんじと平家がいくさをしたことがありました。げんじは白はた、平家は赤はたを立ててたたかいました。平家は一のたにでまけたので、四国の屋島までにげました。げんじはおいかけて来て、はげしくたたかいましたが、しょうぶがつきません。日がくれかかったので、どちらも兵を引いて、げんじはおか、平家は海でむかい合っていました。

その時、平家の方から船を一そうこぎ出して来ました。見れば、へさきに長いさおを立てて、そのさおの先にはひらいた赤いおうぎがつけてあります。一人の

官女がその下に立って手まねきしています。さおの先のおうぎをいよというのでしょう。

船はなみにゆられて、上がったり下がったりしています。おうぎは風にふかれて、くるくるまわっています。いくら弓の名人でも、これを一矢でいおとすことはなかなかむずかしそうです。

げんじの大将《しょう》よしつねは家来にむかって、

「あのおうぎをいおとすものは居ないか。あれをいないのはざんねんだ。

だれかじょうずなものは居ないか。」

とたずねました。

その時一人がすすみ出て、

「だい一の弓のじょうずはなすのよ一でございます。空をとんでいる鳥でも、三ばねらえば二わだけはきっといおとすほどの名人で、これにまさるものはございません。」

と言いました。

よしつねは、

「それをよべ。」

とすぐによ一をよび出しました。

神

よ一はじたいしたけれどもよしつねはゆるしません。よ一は心の中で、もしこれをいそこなったら、生きてはいまいとかくごを決めて、馬にまたがって海の中へのり入れました。

弓を取りなおしてむこうを見わたすと、船がなみにゆれるので、まとがさだまりません。しばらく目をつぶって神様にいのってから、目をひらいてみると、今度はおうぎが少しおちついて見えます。よ一は矢を取って弓につがえ、よくねらいをさだめて、ひょうといはなしました。

赤いおうぎはかなめのきわをい切られて、空に高くまい上がって、ひらひらと二つ三つまわって、なみの

上におちました。おかの方では大将《しょう》のよしつねをはじめとして、一同こおどりしてよろこび、海の方でも、平家方が船ばたをたたいて、一度にどっとほめ立てました。

## だい二十六か　台所

おくさんと女中が台所で働いています。この女中は二三日前に来たばかりで、この家の仕事になれていませんから、おくさんがいろいろのことを教えなければなりません。

おくさん「じゃがいものかわをむいて、ゆでてください。そのおゆの中へ、おしおを入れるのをわすれな

いでくださいよ。」
女中「このにんじんはどういたしますか。」
おくさん「それはさいのめに切ってください。それから肉とたまごはとどいていますか。」
女中「肉はさっきはいたつの人がとどけてくれましたが、たまごはまだとどきません。」
おくさん「そう。たまごはまだ少しのこっているから、きょうはいりませんがね、あとでいりますから、夕方までに来なかったら、電話でさいそくしてください。」
女中「はい。ひる前に注文したのに、どうしてでしょう。はいたつの人がわすれたのかもしれませんです

戸

ね。」

おくさん「どうもそうらしいね。そのたなの上のかごをおろして、ここへ持って来てくださいな。それから戸だなにおさとうのふくろがあるでしょう。それを出してこの入れ物にあけてください。」

女中「おく様、おさとうは少ししかのこっておりません。」

おくさん「では、あす松屋が来たらわすれずに注文してください。」

女中「あすは松屋は休みだとか言っていましたが。」

おくさん「あ、そうそう、毎週一回休むとかいうことでしたね。そんなら、あさってでもけっこうです。」

おいもがゆだったかどうかちょっと見てください。」
女中「まだ少し早うございます。」
おくさん「ではその間にテーブルを作ってください。やり方はきのう教えた通りです。それからさじとかナイフとかいうような銀の物はせっけんであらって、かわいたふきんでふかないと悪いにおいがしますから、あらう時に気をつけてください。テーブルをこしらえたらパンを切ってください。そのはこに一きん半ほどのこっているはずです。」
女中「はい、ございます。」
おくさん「あまりたくさん出しすぎてむだになると、もったいないから、一人に一切れずつぐらいでいい

でしょう。」
女中「おく様、おいもは、もうよろしゅうございます。」
おくさん「ではおろして水を切って、牛乳《にゅう》とバタを少し入れて、よくつぶしてください。つぶのできないようによくかきまわしてね。あ、そこの火はけさないで、ほそくしてください、スープがぬるくならないようにかけておきますから。さあ、スープはできたしあとは肉だけですね。スープの味はみたてでしょうね。それからそのほねはおとなりの犬にやりますからね。」
おくさんはれいぞうこの戸をあけて、中からバタを出しながら、

おくさん「おや、牛乳《にゅう》のびんがはいっていませんね。このごろは、持って来たらすぐれいぞうこに入れないとすっぱくなりますからね。それから今ごろのようにあついと、外の食べ物もくさりやすいから、気をつけてくださいよ。おや、このおぼんはぬれていますね。ちょっとふいてちょうだい。」

女中「かしこまりました。」

二人が話している時、急に電燈がきえました。

おくさん「おや、電気がきえましたね。停電でしょう。ろうそくが食堂《どう》の戸だなの引き出しにはいっていますからね、出してつけてちょうだい。」

女中「おく様、この引き出しには、かぎがかかってい

燈＝灯

遠

ますが。」
おくさん「そうそう、けさ出かける前にかぎをかけたのでした。ここにかぎがありますから、あけてちょうだい。」

## だい二十七か　遠足の下相談《そうだん》

早川さんたちは今度の日曜日に友だち五六人と近くの山へ遠足に行くことにしてその下相談《そうだん》をしています。
早川「毎日うっとうしくていやな天気ですね。」
鳥山「なんて変な天気でしょう。ほんとにいやになっちまいますね。」
早川「ほんとうですね。こう毎日ふられちゃ、やり切

れませんね。」
鳥山「まったくですよ。それにくらべて、この前の日曜はなんというういいお天気だったんでしょう。今度の日曜もあんなだといいですね。」
早川「しあさっての日曜ごろは大丈夫《じょうぶ》でしょう。月曜からまる三日もふりつづいたんですもの、きっといい天気になりますよ。」
鳥山「ちょっと心配《ぱい》ですね。もし雨でしたら、どうしましょう。やめましょうか。」
早川「いや、雨でもかまわずに行こうじゃありませんか。」
鳥山「じゃ、なん時にお宅へうかがえばいいですか。」

小原｜

早川「なるべくお早くねがいます。そうですね、七時ごろまでにおいでをねがいましょうか。もし雨だったら七時半までにまっすぐ駅へおいでねがいましょうか。私のところへおよりになるのは、やっかいでしょうから。」

鳥山「じゃ、ふらなければ、七時までにまちがいなくお宅へうかがうつもりですが、万一おくれましたらおかまいなく先にお出かけください。」

早川「じゃ、七時までにおいでがなかったら、駅でお会いしましょう。」

鳥山「外のみなさんはどうでしょうね。」

早川「小川さんと原田さんをのぞいてみんな行くそう

飯

飯

です。飯田さんはさしつかえがあって行かれないかもしれないと言っていました。しかしもう一度電話で行かれるかどうか聞いてみましょう。」

鳥山「おねがいします。大島さんはおとといかぜをひいたと見えて、ずつうがするとか言っていましたが、行きますかしら。」

早川「行きますとも。ハイキングは飯よりもすきだから、どんなことがあっても行くと言っていましたよ。」

鳥山「しかし、病気なら行く訳にはいきますまい。」

早川「そりゃそうでしょうが、なあに、たいした病気じゃありませんから、すぐなおりますよ。ふだんあ

心

んなに丈夫《じょうぶ》なんだもの。」
鳥山「あの人は丈夫《じょうぶ》なことは丈夫《じょうぶ》ですが、無理をさせてはいけませんからね。」
早川「御心配《ばい》はいりませんよ。それに、あの人は用心ぶかいから、病気なら行きはしませんよ。」
鳥山「そうですね。あの人は用心ぶかいことは用心ぶかいですね。ただ、おととい会った時、あんまり顔《かお》色が悪かったので、ちょっと心配《ばい》になったんです。」
早川「そうですか。用心にこしたことはありませんから、もし病気だったら見合わせるほうがいいでしょうね。」
鳥山「そうですとも。時に、ひる飯はどこにしましょ

うか。」

早川「みずうみの近くになんとかいうきれいな茶屋がありましたね、あすこがいいじゃありませんか。」

鳥山「そうそう。なんといいましたっけね。えーと。ああ、有明というんですよ。しかしあすこは早くよやくしておかないと、へやが無いかもしれませんよ。」

早川「すぐそくたつを出してへやを取っておきましょう。にんずはみんなで七人ということにしておきましょうね。」

鳥山「いいでしょう。では、そのほうは万事よろしくねがいます。」

有明

万

光

宮

# だい二十八か　日光

日光はけしきがよい上に、いろいろりっぱなお宮がたくさんあるので、日本が外国にむかってじまんすることのできる名所の一つになっています。そのうち、よその国に見ることのできないものは、なんといっても東照《しょう》宮です。

東照《しょう》宮は徳《とく》川のさいしょのしょうぐんの徳《とく》川家康《やす》をま

代光

参寺

高

つったお宮です。　これは三代しょうぐんの徳《とく》川家光が日本じゅうの名人をあつめ、たくさんのお金をかけてこしらえたお宮で、一本のはしら、一つのほり物、一まいのえ、どれを見てもおどろくほどよくできています。「日光を見ないうちはけっこうと言うな。」というたとえがあるくらい、日光はけっこうな所です。

東照《しょう》宮に参詣《けい》した人は、だれでもかならず中禅《ぜん》寺へ行きます。　東照《しょう》宮の前を流れる大谷《や》川にそってさか道を四キロばかり行くと、そこに名高いけごんのたきがあります。けごんのたきは高さが百メートルもあって、たくさんの水がかみなりのような音を立てながらおちて来るありさまは、なんとも言えないすばらしいなが

山

めです。

ここからまた少しさか道を上がって行くと、名高い中禅《ぜん》寺湖《こ》に出ます。中禅《ぜん》寺湖《こ》はまわりが二十五キロもある大きなみずうみで、たいへんけしきがよく、まっ白なほをはったヨットが走って行ったり、赤や白やいろいろにぬった洋館《かん》がみどりの木の間にちらついたりするさまはまるでえにかいたようです。

みずうみのすぐそばに男体山がそびえています。男体山はたいへんかっこうがよいので、日光ふじという名がついています。あきになると、山じゅうがすっかりもみじになります。まっかなもみじがみずうみにうつったながめはほんとうにみごとです。

工　美

日本にはけしきのよい所が少なくないが、人工の美としぜんの美とを合わせたものは、日光におよぶものはありません。それゆえ、一年じゅうあそびに来るものが多く、日本に来る外国人で、ここに来ないものはめったにありません。

## だい二十九か　したきりすずめ

むかしむかし、ある所におじいさんとおばあさんがありました。そこへ一わのすずめがあそびに来ました。おじいさんは子供が無いので自分の子供のようにかわいがって、朝晩そのすずめに食べ物をやっていました。

ある日、おじいさんのるすに、おばあさんはせんた

くをしようと思って、のりをにておきました。せんたくをすませて、のりを取りに行くと、入れ物ばかりで中ののりが見えません。「はてな？　たしかに入れておいたはずだが、どうしたのだろう。」とひとり言を言いながら、方々さがしているのを見て、すずめが「そののりは、うっかりして私が食べてしまいました。いつも私のえさを入れていただく入れ物にはいっていましたから。」と申しました。

　意地の悪いおばあさんはそれを聞くと、たいそうはらを立てて、「何？　お前が食べちゃった？　だまって人の物を食べるような悪いやつはこうしてやる。」と言いながらすずめのくびをつかまえて、すずめが「も

うこれからはけっしてしませんから、ゆるしてください。」とあやまるのも聞かずに「そんな言い訳は聞きたくない。」と言って手もとにあったはさみを取り上げ、すずめのしたを切りました。すずめはしたを切られていたくてたまりませんから、なきながらとんで行きました。

夕方、おじいさんが帰って、「おばあさん、すずめはきょうもあそびに来たかね。」「ええ、来たことは来ましたが、いたずらをしたのでしたを切ってやりましたよ。」「何？　したを切った？　少しぐらいいたずらをしたって、そんなひどいことをしなくたっていいじゃないか。」「あたりまえですよ。毎日えさをもらっていな

竹　無

がら、人がせっかく作ったのりをだまって食べちまったんですもの。」「それはかわいそうなことをした。あすはみまいに行ってやろう。」

おじいさんはあくる日の朝早くおきて「すずめ、すずめ、お宿はどこだ。」と言いながら、心当たりをあちこちさがしているうちに、大きな竹やぶの前に来ました。

ここはちょうどすずめの家の前でした。すずめは大すきなおじいさんのこえが表の方で聞こえますから、急いで出て来て、「まあ、おじいさん、よくいらっしゃいました。」「おお、すずめか。よく無事で居たね。どうなったかと思ってずいぶんあんじていた。」「それは

ありがとうございます。きたない所ですが、さあ、どうぞこちらへ。」とすずめは先に立って、おじいさんを客間へ案内《あん》しました。

「きのうの朝はとんだことだったな。さぞいたかったろう。わしが居たら、あんなことはさせなかったんだが。おばあさんはおこりっぽくて困る。わしが代わりにあやまるからゆるしておくれ。」「いいえ、私のほうが悪かったんですからしかたがありません。たいしたきずじゃありません。ちょっと血《ち》が出ただけでもうなんともありません。まあ、お茶をひとついかがです。」

そのうちにすずめのつまもむすめも出て来ました。

「おじいさん、これが私の家内で、これがむすめです。」

有

「ああ、そうか。それはそれは。ずいぶんかわいいむすめさんだね。」「はじめてお目にかかります。主人がいつもお世話様になりましてありがとうございます。きょうはよくいらしってくださいました。何もございませんが、どうぞごゆっくりあそんでいらしってくださいまし。」と言って、たくさんのごちそうを女中にはこばせました。「ほんの有り合わせでございますが、どうぞたくさんめし上がってくださいまし。」「じゃ、えんりょなくいただこうかな。」「どうぞ。」

御飯がすんでから、すずめふうふはうたをうたったり、おどりをおどったり、いろんなおもしろいあそびをして見せましたので、おじいさんは大よろこびです。

　そのうちに、だんだん暗くなってきましたから、おじいさんは「おかげで、きょうはほんとにおもしろかったが、もう日がくれるからそろそろ帰ろう。どうも、たいへんごやっかいになった。」「まあ、いいでしょう。なんなら、今夜はおとまりになってはいかがですか。」「いや、おばあさんが待っているだろうから、きょうは帰ろう。」「そうですか。それではちょっとお待ちねがいます。」と言って、くらから重いこうりとかるいこうりを持って来ました。「おじいさん、どっちでもおすきなほうをお持ちください。」「ごちそうになって、その上おみやげをもらってはすまないね。しかしせっかくだから、かるいほうをもらおう。」「そうですか。それ

では、またどうぞいらしってください。」「さよなら。」「さよなら。」

おじいさんの帰りがおそいので、おばあさんは「ほんとにうちのおじいさんは困った人だ。こんなにおそくまでどこであそんでいるんだろう。」とひとり言を言っていました。そこへおじいさんがうれしそうなかおをして帰って来ました。

「お帰りなさい。」「ただ今。ああ、くたびれた。」「どうしたんです、こんなにおそくまで。あんたみたいなのんきな人はありませんよ。」「いや、すずめのうちであんまりごちそうになったんで、ついおそくなっちゃった。すずめたちがうたをうたうやら、おどりをおどる

やらして、もてなしてくれたので、きょうほどおもしろかったことは無い。そして、この通りおみやげをもらって来た。」と言いながら背《せ》中のこうりをおろしましたから、おばあさんは「なんでしょう。早くあけてごらんなさい。」

おじいさんがこうりをあけてみると、おどろきました。中は金だの銀だのでこしらえたりっぱなたから物でいっぱいでした。

おばあさんはそれを見ると、急ににこにこしてあいそうよく「おじいさん、すずめのうちはここからどのくらいありますか。すずめにきのうのことをあやまりに行って来なくちゃならない。」「そうか、そうすれば、

暗

すずめもよろこぶだろう。」

おばあさんはあくる朝、うす暗いうちにしたくをして、おじいさんに教わった通りにすずめの宿へ行きました。「ごめんください。　すずめさんのお宅はこちらですか。」女中が出て来て、「はい、　さようでございます。」「すずめさんにお目にかかりたいんですが。」「少々お待ちくださいまし。」女中はおくへ行って主人にそう言いました。

すずめは、　大きらいなおばあさんですが、　しかたがないから出て来て、「まあ、　おばあさんですか。　よくいらっしゃいました。」「きのうはおじいさんがごちそう様でした。　そして、　おみやげをありがとうございまし

た。」「いいえ、ちっともおかまいいたしませんで失礼いたしました。さあ、どうぞこちらへ。」「いや、きょうはあやまりに来たのだから、おかまいなく。ほんとに先日は失礼しました。きげんが悪かったものだから、ついあんなことをしてお気のどく様でした。」「いいえ、もうすんだことですから、御心配《ぱい》なさらないでください。」「もっと早く来ようと思ったのだけれども、うちがわからなかったものだから。では、さよなら。」「まあ、よろしいではございませんか。せっかくいらしったんですからお茶でも上がって……。」「いいえ、きょうは用がたくさんあるから、またそのうちにゆっくり来ましょう。」「そうですか。せっかくいらっしゃいました

のに、なんのおかまいもいたしませんで、失礼いたしました。どうぞ、またおひまを見ておあそびに……。あの、ちょっとお待ちください。」

すずめは物置《おき》きからこうりを二つ持って来て、「さあ、どっちでもおすきなほうをお持ちください。」「それはすみませんね。わたしは力があるから重いほうにしましょう。どうもおじゃま様でした。さよなら。」「さよなら。」

おばあさんは重いこうりをしょって、何がはいっているだろうとかんがえながら、山道を歩いて行きましたが、中味が見たくてたまりません。とうとう途《と》中でこうりのふたをあけました。すると、中からたから物ど

ころか、太いへびだの、かえるだの、一つ目こぞうだの、おそろしいばけものが一度にくびを持ち上げておばあさんをにらみつけました。おばあさんはびっくりして、まっさおになって、「たいへんだ。たすけて！」と言いながら、夢中《む》でかけ出してあとをも見ずに家へ帰りました。

おじいさんはおどろいて「どうしたんだ？」「水を、水を。」おばあさんは水をのんでから今のこわい話をしました。おじいさんは、「お前はいつもよくがふかくていろいろの物をほしがるから、そうなるんだ。年よりのくせによくばって重いこうりなんぞもらって来るからさ。たびたびわしが言ったじゃないか、あまりよくば

るとけっしていいことはないって。これからはそんなものをもらいたがらないがいい。」

それからおばあさんは心を入れかえて、まるで生まれ変わったようないい人になったということです。

## だい三十か　いのちのパン

イエスはカペナウムの教会で人々に言われた。

「わたしがいのちのパンである。わたしのところに来るものはけっしてうえることがなく、わたしを信じるものはけっしてかわくことがない。しかし、前にも言ったように、あなたがたはわたしを見ていながら、信じようとはしない。父がわたしにあたえてくださる

下　行

ものはみな、かならずわたしのところへ来るであろう。わたしは、来るものをしりぞけるようなことは、けっしてしない。わたしが天から下って来たのは、自分の思う通りにするためではなく、わたしをつかわされた父のみ心を行なうためである。このみ心というのは、わたしにあたえてくださったものを、わたしが一人のこらず、おわりの日によみがえらせることである。わたしの父のみ心は、わたしを信じるものが、ことごとく永《えい》遠のいのちを受けることなのである。そして、わたしはその人々をおわりの日によみがえらせるであろう。」

これを聞いたユダヤ人たちはぶつぶつ言いはじめた。

そして言った。

「この人はヨセフの子イエスではないか。わたしたちはそのおやたちをよく知っているではないか。それなのに、どうして天から下ったなどと言うのか。」

イエスはかれらに答えて言われた。

「そんなことを言ってはいけない。わたしをつかわされた父が引きよせてくださらなければ、だれもわたしのところへ来ることはできない。わたしはその人々をおわりの日によみがえらせるであろう。よくよくあなたがたに言っておく。わたしを信じるものには永《えい》遠のいのちがある。わたしはいのちのパンである。天から下って来たパンを食べる人はけっしてしぬことはない。

# 卅

わたしは天から下って来た生きたパンである。それを食べるものは、いつまでも生きるであろう。わたしがあたえるパンというのはわたしの肉で、わたしはこの世の人々のいのちのためにこれをあたえるのである。」

そこでユダヤ人たちが言った。

「この人は、どうして自分の肉をわたしたちにあたえて、食べさせることができようか。」

イエスはかれらに言われた。

「よくよく言っておく。人の子の肉を食べず、またその血《ち》をのまなければ、あなたがたの内にいのちは無い。わたしの肉を食べ、わたしの血《ち》をのむものには、永《えい》遠のいのちがあり、わたしはその人をおわりの日によみ

がえらせるであろう。わたしの肉はまことの食べ物、わたしの血《ち》はまことののみ物である。わたしの肉を食べわたしの血《ち》をのむものはわたしの内におり、わたしもまたその人の内に居る。わたしをつかわされた父によってわたしが生きているように、わたしの肉を食べるものもわたしによって生きるであろう。」

（ヨハネによる福音書第六章による）

# 付録　五十音図

## ひらがな

あいうえお
かきくけこ
さしすせそ
たちつてと
なにぬねの
はひふへほ
まみむめも

## カタカナ

アイウエオ
カキクケコ
サシスセソ
タチツテト
ナニヌネノ
ハヒフヘホ
マミムメモ

やいゆえよ
らりるれろ
わゐうゑを
ん
がぎぐげご
ざじずぜぞ
だぢづでど
ばびぶべぼ
ぱぴぷぺぽ

ヤイユエヨ
ラリルレロ
ワヰウヱヲ
ン
ガギグゲゴ
ザジズゼゾ
ダヂヅデド
バビブベボ
パピプペポ

昭和25年11月15日　初版印刷
昭和25年11月20日　初版発行
昭和39年8月25日　再訂版発行
昭和61年11月15日　訂正増刷

標準日本語読本巻一

著作者　長沼直兄

発行者　東京都目黒区目黒4—6—21
有限会社　長風社
代表者　田口和男

印刷所　東京都豊島区東池袋5—3—8
日之出印刷株式会社
代表者　長沼滋雄

発売元　郵便番号 101
東京都千代田区神田猿楽町1-2-1
日本出版貿易株式会社

**Agent:**
Japan Publications Trading Co., Ltd.
2-1, Sarugaku-cho 1-chome,
Chiyoda Ku, Tokyo, Japan